新亞問學記

陳萬雄 著

中華書局

作者在新亞書院圓亭留影。

在新亞農圃道校園與牟宗三先生合照。左起：作者、牟宗三先生、屈啟秋。

在學期與同班同學在校園草地留影，左起：周佳榮、屈啟秋、作者。

作者從新亞書院校長梅貽寶先生接受畢業證書。

畢業典禮後留影，左起：周佳榮、屈啟秋、作者。

到香港仔華人永遠墳場蔡元培先生墓掃墓合照。從左二起：周佳榮先生、王德昭先生、作者、蔡元培先生哲嗣蔡懷新先生。

孫國棟師晚年回港居住，一眾學生陪他到東莞遊玩，左起：康燕屏、劉福注、國棟師、廖敬珍、好姐、作者、陳懿行。

總序：四書人語

「四書人語」這小叢書的題簽，是饒宗頤先生生前餽贈的墨寶。一次與饒公快婿鄧偉雄兄聊天，説到回顧平生，可不像他的多才多藝、也有跨界的功業。在我，很簡單，只在一個「書」字。一生最大的嗜好是書，一生事功也在書。偉雄兄將我這檢點平生的閒聊説給饒公聽，饒公就寫下這題簽贈我，鼓勵我以此題目寫下一生書緣。晃眼間已是十多年前的事，饒公棄世也有五年多了。思困筆拙，雜務纏身，因循未果。

近年，得香港中華書局侯明總經理、總編輯與北京商務印書館張稷女史，不約而同的約稿和督促，香港中華黎耀強副總編輯為之擘劃整理，才有此「四書人語」小叢刊的出版。

或者是天性，或是來自慈母的啟蒙，自懂事以來就喜歡閱讀，以至終身「不可一日無此君」。也很幸運，無論是小學、中學、大學和研究院，都曾遇上良師，激勵學習、啟迪學問，俾能逐步走上求學成才的人生道路。

離開了學校，從事工作，只短暫做過教師，一生從事的是編輯出版和圖書業的工作；幾十年來，也擔當過一些社會、教育、社團等不同的職務，但功業的所在，主要在文化教育上。自上大學，即以從事學術研究為職志；進入出版業之後，學術研究與著述則成了業餘了。幸能一生對學問研究的興趣不減，著述不輟。

幾十年算是勤於筆耕的。或興趣所在的學術研究和著述，或順應工作需要的專業論評，或在刊物上發表的各式文章，為數着實不少；內中有專著、有結集、有編著和有散篇零箋。今以「問學」、「出版的人與事」、「學術雜文」與「閱讀體驗」四方面，敝帚自珍，選出覺得不失時效的文章，都成四本小叢書出版。

最後，在本人四書人生的路上，曾予以引導、教益，曾同路而行，曾予以幫助的長輩、同輩和後輩，在此表示無限的懷念和感激！

周佳榮序：
當年新亞與今日情誼

朋友聚餐，談到年輕時的軼事，經常會引起共鳴，而又感到溫馨。以文會友，令人留下的印象更為深刻，傳之久遠，甚或對眾多讀者產生熏陶作用。這些年來，萬雄兄撰寫了不少憶舊文章，我大都拜讀過，年輕時的往事如在目前。近期來電，説他正在整理多篇關於新亞師友的文稿，準備匯為《新亞問學記》，並囑作序。於是，一些淡忘了的事又回到腦海中來了。

萬雄兄是我在新亞書院歷史系唸書時的同班摯友，閱歷比我深，談學問、論世道，總是他引領我的時候居多。在一篇題為「四書人語」的文章中，萬雄兄説他的志趣和事業，可以概括為看書、寫書、編書、賣書，退休後計劃撰寫舊憶，懷人紀事，娛己樂人，謂為「四書人語」。我也熱愛看書和寫書，長年以教書為業，日常則嗜好買書，算是大同小異吧。

當年商務印書館主持人張元濟矢志於書業的理念，正如他所寫的兩句詩：「昌明教育平生願，故向書林努力來。」借用作比喻萬雄兄的志業，也是十分恰當的。張元濟和蔡元培都出身翰林院，一個投身出版社，一個服務教育界，共同為知識學問獻身、報效社會文化之心並無二致。蔡元培是我尊敬的教育家，不敢望其項背，他的言行思想，向來是我時常銘記的。

新亞書院的農圃道時代於 1973 年結束，我屆剛好於那年畢業，轉眼已半個世紀，而「新亞精神」仍充沛於心。對我來説，新亞精神就是新時代亞洲的人文精神，念舊而又尚新，重視歷史文化傳統而又關懷當前和今後的世代。我屆畢業同學設有一個「新亞 1973」群組，時通音訊，新亞校歌中「趁青春，結隊向前行」兩句，五十年來歷久不衰，正如萬雄兄所説：「變的是時代，不變的是精神」。

萬雄兄此書分為兩部分：上篇是「承教與問學」，當中記述幾位師長的事蹟，他們為學做人的教誨，意義是很深遠的；下篇「新亞生活與新亞精神」，提到畢業三十年後的體驗，從回憶中領悟人生，從個人和群組展示了時代與社會。守望相助的人文傳統，相信就是大家都珍而重之的「新亞精神」。

孔子論人生，從「十有五而志於學」至「三十而立」，乃我輩早年成長的歲月，到了「七十而從心所欲」的階段，就可以多做自己喜歡、自由選擇的事情。萬雄兄出版了一套《三國傳真》，細説的是中國歷史，表現的是尚新創意，作為這個世代的出版人，足以用來印證他的新亞問學記。

周佳榮

2023 年 4 月 9 日

農甫道新亞書院草地，與左一屈啟秋、中間周佳榮兩位同班同學合照。

目錄

上篇 | 承教與問學

下篇 | 新亞生活與新亞精神

上篇

承教與問學

牟潤孫

1909—1988

山東福山人。畢業於燕京大學國學研究所，從陳垣先生與顧頡剛先生學，並從柯劭忞先生受經史之學。現代著名史學家、教育家。曾任同濟大學文史系教授，上海暨南大學歷史系教授，台灣大學國文系教授，香港新亞書院文史系主任、教授、新亞研究所導師，香港中文大學歷史系講座教授、中國文化研究所研究員等。主要著述有《注史齋叢稿》、《海遺雜著》、《論治目錄之學與書籍供應》、《宋代摩尼教》等。

由一封信說起
——追憶牟師潤孫教授

近日檢點舊物，見先師潤孫先生寄給我的一封信，內容雖然簡單，頗能說明牟先生晚年的生活，連帶牽動了我對牟先生的一些追憶。

信內容是這樣的：

萬雄仁棣左右：承惠　賀年卡，謝謝！茲有懇者，光緒二十二年孫家鼐覆奏開辦京師大學堂事一摺，見《近代史料叢刊．戊戌變法》第二冊，而寒齋無其書。如館中資料室或吾　弟藏有之，務祈費神影印交郵擲下，為感為盼！耑此奉託，即賀年禧

侍友生　牟潤孫啟　十二月十五日

前承代購之《文苑花絮》，其中書頁缺失錯亂。便中請煩關女士代為換過為幸！看關女士何時

萬雄仁棣左右：承惠賀年卡，謝謝！茲有懇者；

光緒二十二年孫家鼐（陳寶箴 九月改刊本）覆奏開辦京師大學堂

事一摺，見近代史料叢刊，戊戌變法檔案二冊，而

寒齋无其書。如館中資料室或吾弟藏有

之，務祈

費神影印擲下（交郵），為感為盼！尚此奉託，即賀

年禧　　侍友生　牟潤孫啟　十二月十五日

前承代購之幼文苑花絮，其書頁缺失錯

亂。便中請煩岡女士代為換過，為幸！看岡女

士何時方便，並不急急。書價若干？煩請示知。

潘生先生如願賜教，甚願歡迎！　　又啟

牟潤孫先生信札

方便，並不急急。書價若干？亦請示知。又啟

信未署年份。信內主要是託我代查閱資料和買書事。

牟先生退休前，在新亞書院與中文大學研究院任教的最後幾年，我算是與他比較親近的學生。在大學和研究院就讀期間，我的研讀重心是中國近代史，選擇研讀近代史，多少是出於對中國近代命運的關懷。心底裏，對中國傳統學術思想一直有濃厚興趣。因此自大學三年級起以至研究院，我每年都選修牟先生的課。當時牟先生是系內唯一具教授銜的老師，在研究院也是唯一的講座教授，由於課開得專深，選修牟先生的課的學生因而很少，通常只有三幾人。那年的四年級，亦只有我一個人選他的課以應學位考試。或許這樣讓我與牟先生較多接近。從日本負笈返港，任事於香港商務印書館，常有文化聚會和文化學術界的飯局。牟先生和王師德昭先生最是支持，見面的機會也最多，直到他去世，一直保持相當密切的師生關係。就我個人接觸的印象，晚年牟先生過的日子，主要是買書、讀書、談學問和撰述。不管什麼性質的聚會，牟先生善談，最後由他引導，談論的仍集中在學問和學術界的人和事上，少及其他。我敬陪末座，感覺比上課還長知識。晚年衰病，牟先生更是日以讀書撰文為事。我幾乎每星期跑牟先生府上一次，給他帶上囑咐要買的書和要查

閱的資料。實在忙得去不了，會使同事代勞，盡量使他及時用上。七十年代退休的牟先生，不善生產，隨着香港經濟高速發展，百物逐年騰飛，他和師母的生活並不寬裕，晚年更有點拮据。但是他買書的習慣和買書的不吝嗇，毫不改變，幾乎每個星期都會買書。晚年筆耕所得的稿費主要也是用在買書上。有時不忍心他花錢，要送給他，他總拒絕。以上的一封信，就是當時情況的反映。啟功先生憶及他青年時代，說到：「與牟先生在一起，也曾飲酒、談笑，誰又知道，他在這種時候，也常談學術問題。」（〈平生風義兼師友——懷龍坡翁〉，見《回憶臺靜農》，上海教育出版社，1995年），可見牟先生真是一個徹頭徹尾的愛書人和讀書人，一生專心致志於學術。牟先生平日讀書興趣廣泛，撰述文章題材亦很豐富，而且厚積薄發。晚年的幾本論文結集，大部分文章是晚年寫的。他一再強調，寫文章是平日讀書，有所見有所發現而寫的，不應先預設題目，為找材料而讀書的。這兩句話看似簡單，當時我聽了也明白，理解並不透徹，現在明白得多了。他的讀書撰文與現今學人讀書撰文的區別，即「古之學者為己，今之學者為人」之謂也。

六七十年代的中文大學新亞書院，人文學者集一時之彥。歷史系諸老師亦各具學術成就，各有風範，在學問和教學風格上，各擅其勝。在我就讀期間，牟先生講授的主要是中國史學史、史學名著導讀、中國經學史等課，一般歷史系學生興趣不大。況且牟先生講課，無指定參考書。上課時，他比較互證不同史學典藉的異同，手翻口說，也難於做筆記。如果不經自己課後梳理和思索，會覺得他的講授並無系統。譬如上他的「《三國志》導讀」課，他並非按一般講授慣例，系統地講述《三國志》的成書過程、作者生平、史著特色和成就等等，而是就《三國志》某章節、某句文字、某條裴松之的註釋，作前後比對，或比勘《後漢書》和《資治通鑒》等其他史著，以説明陳壽的史法、史識、史例，然後再説到古今學者對這問題和對這段歷史的觀點，最後才說出他自己的看法。短短的〈曹瞞傳〉就足足講了近半過學期。我讀書尚算博雜，算是聽得明白，也覺得很有興味，但以我們當時的學問底子，説不上心領神會。無論如何，他的課，讓我認識了為學的境界、學問的深淺。大學修過的眾多科目的筆記，至今大部分已不知去向，我謄錄在《三國志》、《後漢書》、《資治通鑒》等書上的各種標記和牟先生的分析，至今仍好好的保存着。可見當時我已有「雖不能至，而心嚮往之」的珍惜。

牟先生講課辯才無礙，滔滔不絕。傳統史學基礎如此薄弱的我們，聽起來還是動人的，不覺沉悶。尤其對時賢研究的點評，他不稍假借，無所迴避。上課時常常聽到他提高腔調說這兩句話：「高明、高明」和「胡說八道」。大有「銀瓶乍破水槳迸，鐵騎突出刀槍鳴」之勢。

牟先生身材高大，說話響亮，很有派頭。當時的學生尊師重道，牟先生望之儼然，自然敬畏得多。牟先生言行也有點魏晉名士氣。每回他講論到魏晉清談人物，我總忍俊不禁微笑起來。近年看牟先生憶述他師事陳垣先生從事學術研究的往事，才明白他的講學，仍遵從老一輩「一兩句話點到即止」的風格。明白與否，要學生自行「悟道」。他自己說：「我得到柯先生〔柯劭忞、《新元史》作者〕益處，就往往是這一兩句話；得陳老的益處也是如此。」記得大學三年級時初修讀牟先生的課，說到治史，他語氣鏗鏘而有節奏地說：「治史者，第一是文章，第二是文章，第三還是文章。」說罷不再作解釋。讀史講求史才、史識、史德，為何他會將讀歷史的與治文學等同，講求起文章來？我百思不得其解，也不敢問，悶在心裏。四年級再上牟先生課，再講到治史之要處，牟先生又同樣語氣說：「治史者，第一是文章，第二是文章，第三還是文章。」但依然不作說明。看來對治史這種說法，牟先生不是隨便說的，必有深意存焉，着意要我們去理解。在研究院，牟先生仍舊這樣說。經過幾年的修課聽講，再印證他平日討論史家史著的優劣，加上多讀了他的文章，我似「悟道」了。據我理解，「第一是文章」者，治史首先要「識字」，要仔細明白每個字的意思，不能含糊。隨着年紀愈大，書讀多了，愈感識字的不易。「第二是文章」者，要懂得讀文章，懂得字裏行間的意蘊，要弄通文章。「第三還是文章」者，治史必須能寫一手好文章。牟師一直強調，傳統的優秀史學家通常也是文章高手，好的史著也常常是優秀的文學作品，司馬遷的《史記》如此、范曄的《後漢書》如此、陳壽的《三國志》亦如此。在他的〈勵耘書屋問學回憶——陳援庵先師誕生百周年紀念感言〉中，就説過：「先師時時對我説不能教國文，如何能教歷史？國文不通的人，如何能讀史書？那時候中學用的國文課本，是文言語體合併選在一起。所謂文言，今日稱為古漢語。先師又時時以教學相長勉勵我，要我好好備課，説：『講國文要好好去研究訓詁，更要緊的是讀音，讀錯了字則無以追改。』經過四年時間在陳先生不時訓誨之下，我對於要講的文章，每個字的讀音、訓詁，以及文章的結構組織，都仔細用功去追求，它的效果真是很大⋯⋯我自己則因此改變了囫圇吞棗、不求甚解、匆匆翻書的壞習慣。」我記得，牟先生在課堂曾一再強調，教語體文比教文言文更要求甚解。這種治學講求文字基本功的觀念，原是勵耘門下的特色。難怪乎出自勵耘門下的學者，先師也好、臺靜農先生也好，啟功先生、周祖謨先生也好，學術以外，都是文字浸饋功深，文章精純的了。牟先生對文章的文字一貫重視，如對台灣中研院出版的《陳寅恪先生論集》，不管對所結集的論文代表性，以至書名都大不以為然。我多次聽過他對香港當時名家著作的書名和文章病誤的批評。由於牟先生對文字功夫的重視，一向寫文章放野馬的我，受他影響，自此撰文和遣辭造句，較用心思和謹慎得多了。現在能執筆為文，可以見人，實拜牟先生之賜。畢業後某年，中文大學某人文學科考試題目犯了文字病誤，引起社會和媒體的譏議。某學者即曾對我說，歷史系從未出過差池，因為有牟先生把關，對所出題目，極之重視，必經他親自審核過的緣故。他的「點到即止」的教授形式，看似婉曲，今日學生或者看作不科學。但老師授課，學生聽課，課後依書憑筆記背誦，這種只是承受了知識，未成為經自己理解、領會和了悟的學問。牟先生這種講授形式，宏旨在指導學習方法，引導學生自己做學問的途徑。

牟先生的學問和治史套路，前輩師兄曾有所述說。在他的《海遺雜著》中，也有他自己討論治學經歷的文章，也有幾篇關於陳寅恪先生、陳垣先生學行的文章，可以參考，相信對後來之治史者必有大增益，這裏不擬再說。他的課對我來說，很具啟發性；他寫的文章，我會一讀再讀。可惜當時學問根柢太淺，又跟隨於時潮，不懂得傳統做學問方法的珍貴，不曉得牟氏家法的途徑，以致錯過追陪杖履、日聞訓誨的機遇，思之遺憾。晚年牟先生衰病在家，每回晉謁，必留我道學問，談他讀書思考所得，一談就二、三個小時。晚年並以對孔子《論語》多有創獲自許。當時聽得入神，心裏自覺明白，未作筆錄。可惜經年之後，寸學未進，記憶衰退，早忘得七七八八了，如今追悔已晚，亦辜負牟師晚年傳業的用心。

原載《誠明古道照顏色——新亞書院五十五周年紀念文集》，
香港：香港中文大學新亞書院，2006。

「吾道絕矣」
——讀牟潤孫師著作四卷（一）

一

三年疫情肆虐，困厄香港，無以遣興，日以讀書為事。最近的幾個月，通讀了由北京中華書局出版的牟潤孫師《注史齋叢稿》（上、下）與《海遺叢稿》（初、二編）共四大冊。能利用這些百無聊賴的日子，通讀牟師全部著作，性喜博雜的我，汰去讀書的功利，隨興細讀牟師的著述，泳游其間，上下古今，甚得學思之樂之益。

在學期間不用說，畢業後的幾十年，或研究所需，或一時興之所至，會不時翻閱牟師的一些著作。如他的〈論魏晉以來之崇尚談辯及其影響〉，就不知讀了多少遍。雖然只有三萬字左右，卻是一篇大手筆之作，其內容與論述，誠可衍化成一專著。此文取徑經學，而縱論中國學術千年思想的流變及其在文化各方面的影響，可謂體大思精。但是，以我們毫無經學知識底子的一代，無法讀幾遍就可以完全明白。只能隨着年齒增長，學殖積聚，才日漸了解其文脈絡，獲悉其宏旨。這回能一口氣通讀牟師全四卷的著作，竟萌起「悟以往之不諫，知來者之可追」的心情，慶幸晚年終能補學彌過。不過，若從治學而言，年已逾古稀，為時已晚；如從「朝聞道」去説，收獲仍是巨大的。所以動筆寫這篇文章，是想説説我「聞」了什麼「道」。

牟師一生著作，少專著，多是單篇論著。這不知是否受他一生所推崇的清代史學大家顧亭林、錢大昕和趙甌北的影響。牟師的治學規模與為學目標，明顯步跡這三位前賢。他對顧、錢和趙三氏的治學與成就，闡述褒揚，不遺餘力。牟師一生為學淵博，兼通經、史、文和掌故；撰述範圍所及，貫通歷代，軼出專家而入通人之列了。

牟師是在 1954 年應賓四錢穆先生的邀請，辭台灣大學教職，翩然抵港，擔任香港新亞書院文史系主任兼研究所導師的。1958 年專任歷史系主任。中文大學成立後，任歷史系首任系主任，並在 1963 年任中大歷史系首位講座教授。1973 年自中大歷史系退休，後專任中大研究院歷史科導師，也僅二年而已。我有幸趕上牟師在大學最後的四年和研究院的二年，修讀他的課，俾受教益，親炙風采。牟師退休之後以至歸道山，我一直與他保持來往，執弟子禮。

牟師對戰後香港專上的歷史教育和史學研究的建制，文史人才的培養，甚至為新亞圖書館購藏珍版典籍，建樹良多。可惜如今知者不多，甚至因偏見而刻意忽略。大師兄李學銘教授即曾為文為之彰顯，並有所伸說，存其幽光，不至湮沒失聞。（〈牟潤孫先生與「南來」之學〉，載《讀史懷人存稿》，台北：萬卷樓，2014 年。）

二

牟師在海內外學術文化界，雖然名位不低，但若從他一生的學術的志望而言，還是「志不獲伸」的。此中原由，或有着各種個人的機緣和世緣，但與幾十年來兩岸文化和學術時流的抵牾，尤其在華洋雜處、仍在殖民統治下的香港，相信是最重要的原因。所謂「百藝窮通偕世變，不因才力薄蘇黃」（陳獨秀詩句）。潮流世態，真有非人力所可以抗拒的。

牟師曾寫過一首《六十五歲自咏》詩，詩雖長卻無一涉及生平他事，全在表述他一生求學與治學的經歷與志望。下面幾句，則流露了他對百年中國學術界治學時勢的看法和心情：

……泰西說來成土梗，搖搖如懸欲斷絲。數典遠征希臘替，偶稱詩書人致疑。矯枉早應寫商兌，濡墨因循世竟移。……韋絕日望剝極復，擲卷常懷李隆基。……

所徵引的前幾句，不難明白。最後二句，一以孔子《易經》三絕為喻，一以唐李隆基文治武功的中興為期，拳拳之心，溢於言表。如讀他全詩，以上幾句詩的意蘊則更見顯豁了。所流露的是他對百年以來因西風歐雨的衝擊，對傳統典籍的貶抑，對傳統史學體例和治學精神的摒棄，抱懷失望，憂心忡忡，而盼望有重振絕學的一日。這首自咏詩，是他1972年將在大學退休前的一年，年屆六十五歲時撰寫的。毫無疑問，是旨在檢點自己平生治學的志望，並就目蒿一生瘁力所在的治史態勢，而抒發胸臆之作。詩中流露牟師當時的情緒，下面有一個我親見的故實，可以佐證。

1971年下半年的某日，我代表新亞歷史學系系會，到牟師的辦公室，邀請他為新一屆系會作一次公開演講。這是我頭一次面對面接觸牟師。當時我還是二年級的學生，按系內修課的規定，尚無資格選修牟師只為高年班開設的課目。他知我來意，要我先坐下，讓他先趕校〈徐森玉先生九十壽序〉樣稿。坐等間，我瞟到文稿開頭的幾句：「輕富貴易，輕沒世之名難。山林枯槁寂寞之士，蓋亦有置沒世之名於不顧者；特其人多孤芳自賞不與世同休戚，斯孔子有鳥獸不可與同群之嘆也。」該是時，我尚不知徐森玉是何許人也，只覺所看到開篇的一段，文章鏗鏘，先聲奪人，所以在座上反覆默唸記住。幾十年來，一直能背誦，且自奉為作文起筆的範例。校閱完畢，牟師與我寒暄過後，就答應了。

牟師這次的講題是〈從中國的經學看史學〉（原載《新亞書院歷史學系系刊》第二期，1972 年 9 月）。以我們在香港受傳統文化教育的學生，如此的專題演講，無異是對牛彈琴。我清楚記得，講座結束散去，走在我前面、耶魯雅禮基金駐新亞代表，用流利的國語帶點嘲笑地說：「講的是老調。」不合洋胃口也！

牟師一開講就說：「教書到了快退休的年齡，今天所講的是傳統的東西，本人並非要諸位走回頭的路，只是把所謂傳統的東西介紹給各位，讓各位看看傳統是什麼。……（近代以還）不僅在自然科學、應用科學方面學西洋，史學也需要學西洋。這並不能算錯，不過由此就忘掉了我們的傳統。不能了解傳統，如何去學西方？縱使學會了，所學成只是西方人的看法，不過是一個英國人、美國人，而不能算是中國史學家。」牟師這一段話，對着一班毛頭小子，苦口婆心，委婉備致，用心良苦；當然也帶着幾分無奈與沉痛。幾十年後再讀這篇講稿，以經學為講題，無論命題和相關的內容，仍然覺得實非我們根器尚淺的學生所能明白的；而他要表達的微言大義，也非我們可以體會的。他以此為講題，顯然別有懷抱，要在他臨退休前，借此演講，抒發他幾十年來對中國史學傳統和精神受歐風美雨的衝擊，而站不穩腳跟，乃致搖搖欲墜的擔憂。《六十五歲自咏》與演講兩相印證，他當時的心情，不言而喻——對中國史學前景的無限懸念。

牟師這種懸念，早在1966年他為李田意教授所著《中國史著選》撰寫序言時，已明白道說：「近百年，泰西學說輸入禹域，邦人相率棄傳統舊業，趨於維新之途，治史者自不能外。於是遑遑焉指斥前人史體之不當，力求無失時。……視舊史為材料，徒備翻檢徵引之需，避言體例；更甚者，竟棄之若敝屣。習以為風，以為當然。」並直言這是「數典忘其祖，他山攻錯，遂不能盡收其益」。進而諄諄勸言，應該了解「前賢著作之體例書法，求其精義微旨」，再「與西學相衡量，必能擷取有術」，才能「有功於史學」。牟師這發諸於半世紀之前的言論，即使放諸今日的史學界，仍不失為警言讜論，擲地有聲，甚至更切中時弊！

逯耀東教授在一篇回憶老師的文章中有一段很耐人尋味的話。1988年牟師逝世的一星期前，他到醫院探望牟師。「我們師徒默然相對，突然牟先生說『絕了，掌故之學絕了！』我不知何謂，只是聽着。」讀逯教授此文，看到這一句，我還是為之心頭一震的。看來《六十五歲自咏》中他所述的心情，再目睹耳聞退休後十多年史學界的情況，愈發令他老人家心情變得沉鬱，甚至絕望了。至於逯教授所說牟師口說的「掌故之學」，是否有誤聽，或者牟師所說的並非我們一般所理解的「掌故」，則無從稽考了。但是，如果就我們對牟師治史思想的認識，或者根據讀他論著的理解，所說「絕了」的「掌故」，無疑就是他常常說及並引以為一生使命所在的「南來之道」的「道」了。

逯教授文中也說到：「牟先生常說，援庵（陳垣先生）之學北傳（因為陳垣先生是廣東新會人），他又將援庵先生之學帶回南方來。」（〈心送千里——憶牟潤孫師〉，載《海遺叢稿．二編》）在牟師自己的文章中，也曾多處說到他從北京南下上海教書，「業師陳援庵說『吾道南矣』」的話，並誓言「有生之年，傳播先師的學說」。（〈敬悼先師陳援庵先生〉）至於「吾道南矣」之「道」是什麼？顯然，牟師自己說的「道」，不是在史學研究上某方面的成果，而是治學之道或者說是治史的宏旨。

要了解牟師茲茲為念的「道」，首先要了解「勵耘之學（援庵先生之學）」是什麼，「注史齋之學（牟潤孫之學）」又是什麼。對此，作為牟師弟子的李學銘教授和逯耀東教授，都曾撰文介紹和論述過。尤其是李學銘教授多篇文章的介紹和論述，系統、全面而精到，幾無賸意。作為後學，本無再贅辭論述的需要。不過，對於牟師「吾道南矣」的「道」，還是想作些拾遺補闕的看法。因為牟師所說的「道」，有多方面內容。但其核心內容，涉及到中國學術研究流變的一個很關鍵的課題，而這個關鍵的課題，在他的眼中，已陷於湮沒的危機。這個課題關乎中國學術研究正本清源的問題，關乎中國學術研究的主體性問題，也關乎中國歷史文化闡釋的取向問題，茲事非小！這是百年後的今天，史學界不能不正視、不能不反思的問題。這課題的核心，是如何對待傳統的「經學」問題，並由之引申出傳統治經史的「通經致用」的問題。

三

1966 年，陳寅恪先生收到牟師寄給他的〈論魏晉以來之崇尚談辯及其影響〉一文，覆信說:「烏臺正學兼而有之。甚佩！甚佩！」李學銘教授援此為題，而撰寫了〈烏臺正學兼有的牟潤孫教授〉一文。「烏臺」指史學，「正學」指經學。經史兼治，自是牟師治學的一大特點。舊學邃密的陳寅恪先生，自然一語中的。融注經學於史學的研究，自成系統、別樹一幟，以求貫通於歷代文化思想的研究，是牟師治史的優勢。據牟師自己說，「先師柯蓼園（劭忞）先生對我治經史之學亦啟迪良多，師承淵源，未嘗一日或忘。」(〈蓼園問學記〉，載《海遺叢稿・二編》)。柯劭忞先生乃牟師遠房長輩，是《新元史》的作者，於經、史、小學、詩文、金石、曆、算均有精深的造詣，牟師譽之為清代「錢大昕後第一人」。牟師以最年少而與前輩名學者周叔迦等，同門受學。作為「正學」的經學這門學問，是中國幾千年來學術思想的核心，歷代學者盡心瘁力之所在。既源遠流長，又門派繁多，兼涉與史、哲、藝、文等多門學問的交互。到了牟師這一代，「治經之學」已經式微，非有機緣，難承傳其學而可窺其治學途徑的。

在二三千年的中國，「經學」不僅是一門最重要的學問，而且是諸種學問與教育的基礎。自西漢武帝「獨尊儒術」以來，更臻為中國政治上最高的原理、社會人倫最根本的原則、文化藝術的正軌。直到民國初年蔡元培任教育部長時「廢經學」，再經五四新文化運動的衝擊，讀經、習經、研經的傳統自此式微；甚至要將經書「拋入茅廁」，淪為封建保守思想的代名詞。

2019 年是五四運動一百周年，海內外有關五四新文化運動的論著，就我個人所讀，以金耀基教授的〈中國百年學術之變與發展：從經學到科學的範式轉變〉(載《百年中國學術與文化之變：探索中國的現代文明秩序》，香港：中華書局，2020 年）一文，命題最新人耳目，最是高屋建瓴，宏觀回顧和檢討「新文化革命運動」的發展大勢並對百年以來中國思想的影響。該文中心論旨，是以「科學」顛覆了二千年來在中國文化思想上佔獨尊地位的「經學」，從而替代之而成為了中國文化的新範式。這裏無意詳細介紹金教授的觀點，只就論文標題，也足揭示二千年來「經學」在中國文化思想上的重要。當然「科學」也好，「美學」也好，這些在五四新文化運動後漸次樹立起來的新的文化思想範式，能否完全替代二千年來作為政治哲學、社會倫理、全人文學科以至教育準則的全功能範疇的「經學」，仍可斟酌。

在前引〈從中國的經學看史學〉的演講中，牟師指出「經學現在很少人講」，說「經學從史學退出」，並曉示「治經學不等於讀經學」、「讀經書」，而是指出，要研究中國古代文化思想，必須知道原本「經史不分」的治學傳統，要「經史合一」地去研究中國史學。更進而揭示了傳統中國治經，目的在「通經致用」，治史在明古通今，不必因新潮而全盤照搬西方治史的標榜求真。這裏我想補充說一句，就我研讀中外史著的心得，傳統治史求鑒古通今，不會因與求真相舛而不求真；歐美日治史標榜求真，卻充斥着史觀上的偏見與緊貼現實政治意識的撰述。

經以上對牟師言論的一番疏解，我們不難清楚，牟師所慨嘆「絕了」的治史之「道」，是指百年以來，拋棄了經學的研究，即使用經書，也只當作史料看待，以及傳統治史精神和體例的喪失。牟師絕無主張恢復經學，欲使之重新成為中國文化的主導思想的想法。若然，牟師真成了中國文化思想的封建遺老了。牟師之悲嘆「經學」之成為「絕學」，是就學術研究而言，是就了解傳統中國文化思想而言。閱讀過牟師四卷的不同文章，不難了解到，牟師治學的觀點，欲從事中國二千年文化學術的研究，不管是哲學、史學、文學以至藝術，如不從經學入手，如對經學無相當的認識，如對經學二千年的思想流變不清楚，是無從作深入的研究和透澈的理解的。

揆之清末民國以來出色的學者，對傳統的經學，都曾下過功夫，有相當深入的研究，至少有基本的認識。王國維、梁啟超一輩學者不用說，即年輕一代的陳寅恪，不僅能背十三經，且連經的注疏也能背誦。這是陳寅恪史學成就所以卓越的基礎。即到了現代，仍有個別學者是非常重視經學的。八十年代，我因編輯出版大型畫冊《國寶》而認識了朱家溍先生。與他聊天，他多次告訴我，如要在故宮從事研究，不管是古建築、宮廷制度以至各門藝術，必須熟讀「三禮」，否則難以有深入而精到的研究成果。朱老有家學，又出於陳垣之門下，嫻熟經學是自然的。又一次，在牟師同門啟功先生的府上，親聞他為了辯解座上一著名學者對他的為人所說的幾句他認為不妥當的話，隨口背誦了《儀禮》的一段文字，以作辯解。他在北師大，也曾教授經學的課程。可見這些學問沉潛的一輩，雖所治不同，而認識研究經學的重要則一。此也是這些學者所以對傳統學問的研究，能鞭辟入裏，能留下有長久學術價值的著述的理由所在。到了今天，能通經學的學者已極罕見，經學真成為中國的絕學。所以，牟師生前所以憂心忡忡，逝前所以悲喟「絕了」，正在於此。

牟師去世後二十年，我才豁然醒悟一件很可追悔的事。牟師在去世前一年，已足不出門，但依然讀書如故，花錢買書如故。大都是囑託我買好要購看的圖書，帶上他府上給他，大概二三星期一次。每回上了牟府，事情交代好、閒話談過後，他總是讓我留下，跟我滔滔不絕地講《論語》。當時我也很有興趣，但只以為牟師晚年讀《論語》有新的見解和體悟，忍禁不住，以我為發表的對象。我用心聆聽，也是出於學術的興趣。那時，我沒有做筆記，更沒想到要錄音。幾十年過去，能記得住的，只是他對《論語》幾個一再強調的觀點，其他則忘得一乾二淨了。當時我的心思在出版事業，連自己的專業的近代史研究，也成了業餘。牟師當然知道我是研究近代史的，如只是年老寂寞找人聊天，他一肚子的近代人事掌故已是說不完的話題，何以只跟我說《論語》？現在想來，其實牟師是在為我授經，我竟冥頑不靈，一點都不醒覺。由此事，也可以反映牟師晚年以經學成絕學的焦慮心情。

上及 1972 年牟師以經學為題的演講，固然是他對自己學生的醍醐灌頂、陳義甚高的期盼。可惜我們根器太淺，傳統學問基礎太薄弱，當然是泥牛過海了。現在細想起來，牟師這次演講的設題，似乎不全針對根基淺薄的學生，相信他在香港的大學已任教近二十年，不會不知道香港社會傳統文化教養的根基與香港中學傳統知識教育的薄弱，大有異於他們的一代，更大有別人文淵藪的北京。他這次演講的設題，似乎想透過這次對自己學生的演講，借此對香港乃至海外中國學術研究作針砭。可惜，二十年過去，如果牟師仍然在生，目睹今日專上的中文歷史課程和研讀方式，全按歐美的「漢學」和日本的「支那學」的套路；並以「國際化」為託辭，淪為採用英語授課，用書偏重英文著作，連參考的中國經典，用的也是英文翻譯，恐怕會更絕望吧！我們不會也不應放棄「國際化」，而是追慕「國際化」；但「國際化」必須秉持主體的立場，否則是「泛國際化」，是泯滅民族性和文化的多元化的被「偽國際化」。

原載《讀書雜誌》（香港：三聯書店），第四期，2022 年 7 月。

百年史學的流變
——讀牟潤孫師著作四卷（二）

讀牟師的四卷著作，內中有不少追憶前賢、師長、朋友以及同事的文章。這類文章，道交誼、述行止之外，多道及其人的學術師承、研究特色與成就。文中也不時表述他對近代百年學術流變的一些看法，陳其關鍵，評其得失。從了解近代學術史變化的角度，甚有價值。

民國初年，梁啟超先後撰寫了《國學入門書目及其讀法》、《清代學術概論》與《中國近三百年學術史》。其後，錢賓四先生著有同名的《中國近三百年學術史》，兩書蔚成雙璧，風行幾十年。明、清的學術，於中國二千年學術思想的發展而言，乃一巨變。因得梁、錢等著作，鏡其源流，陳其得失，俾後學能認識近世中國學術思想的流變。金針度人，嘉惠學林，豈止一代。晚近的百年，中國的學術思想，又一大變，甚至是「三千年之未曾有」。最主要是學術潮流受到歐風美雨的全面衝擊，而產生了翻天覆地的變化。

以經史為核心的中國傳統學術，源既遠，流亦長，代有遷變，學統歧異，又相互交融，錯綜複雜。所以在近代之前，治經史之學，非有師承或家學的耳提面命，難窺其門徑。但到了清末民初之後，經學已成末流，日趨衰微，以至湮沒。習新學而非邃於舊學者，甚難問津其間學術脈絡和要領。而近代學者習新學新法兼邃於舊學的，可以說為數不多。在同代學者中，牟師無疑是其中的表表者。

牟師在新亞講授「中國學術史」、「史學史」和「史學名著導讀」多年，可惜未有專著問世，誠憾事矣。我在 1972 年、1974 年分別在大學和研究院前後二次修讀牟師的「史學名著導讀·《三國志》」。課上，他之闡發中國史著的傳統體例以至裴松之註的義例與微言大義，至今讀此方面的撰述，未見有如他透澈入微的。本人在課堂上隨牟師所講，筆錄在《三國志》、《資治通鑑》、《後漢書》上的記錄，幾十年保存下來，證據俱在。牟師生前惜墨如金，未曾就所講授的，撰寫過專論，偶爾在一些相關的論文上有所指陳而已。課堂上的筆錄及經課後的整理，幾十年我一直保存，視同「秘笈」，不時乘興按牟師授課時的理路去研讀和學習。

再說回來，牟師在追憶前輩學者或同輩學人的文字中，就近代的學術傳承和流變的論述，雖然簡短，甚至只是隻言片語。然如用心細讀，參透其中涵義，自當對近百年學術思想流變的認識有大裨益，甚而啟發對百年史學流變的得失之思考。

「三千年所未曾有」的五四新文化運動，已經過去逾百年了。如何走向「新文化」？如何建立「新文化」？百年以來，各種探索、研究、論爭、試驗、實踐不斷，總的説是反反覆覆、跌跌撞撞地向前推進的。同時，百年間的世界局勢與文化思想的變遷，也成為了現實有力的觀照。到今時今日，百年的探索和實踐與現實的觀照，足夠我們對百年新文化運動作出有效的反思。近二十年，作為新文化範疇的思想文化、文學藝術，以至近代才勃興的考古學，大體趨向要融合中外，樹立主體性的重建和創新；中外古今的兩分對立的立論，再難成立。史學研究，何獨不然 ?! 史學研究，要求融合中外，再走向主體性的重建和創新，百年於茲，亦是時候了。這樣的反省，並發為呼聲的，牟師是其中的號手。可惜生前仍未得見融合中外、走向主體性的重建和創新的苗頭，甚至愈發悲觀，懷恨溘然而逝。

近年陳平原教授的《中國現代學術之建立》（北京：北京大學出版社，1998 年）、桑兵教授等的《近代中國學術思想》（北京：中華書局，2008 年）、陳來教授的《中華文明的核心價值：國學流變與傳統價值觀》（北京：三聯書店，2015 年）等著作的陸續出版，就是在重新檢討百年學術流變的趨向。牟師雖無專著，但卻散見於他四卷著作的專論和記述文章中。如同關於清末民初所出現的「國學研究」，他一再予以論述，並抉發其中的現象和性質（見〈北京大學研究所國學門〉和〈清華國學研究院〉）。文章雖然不長，用意是明顯的，是要為近百年學術流變正本清源。

牟師懷人悼念文章，多言及其人的學術淵源，為學特色，進而表述他對百年學術時潮與變化的一些看法，這正是重視學術鏡源的勵耘書屋和注史齋治學的擅勝。援庵之學與牟師之學，重視學術鏡源，善於目錄之學。學術鏡源與目錄之學，重於考究學術的源流和變化，明其得失，曉示研究的取徑。此種擅勝，除承教於陳援庵先生外，牟師亦有他個人條件上的優勢。牟師的治學經歷，遊走於新舊，且交遊廣闊，掌握了親聞目睹的第一手材料，故此可以打開後壁説話，往往能在一言半語的短説簡評中，一語中的，起着目錄學工具書的作用，曉示了近代學術發展的脈絡，俾在紛繁萬端的近代學術流變中，導人於盲。他厚積的傳統經史學問，也是他能舉重若輕的本錢。

在此可舉一二例子以概其餘。他曾評述錢賓四《學籥》一書，不僅論述到錢先生的治史成就和特色，更能將錢先生放在乾嘉以來甚至整個中國學術流變上，去評價他的學術地位。這是不容易的，非諳熟幾千年中國經史發展的源流，難以作出如此的論斷。又如他評論《四庫提要辨證》的作者余嘉錫（季豫），説他的治學有異於五四新潮派學人只懂利用新材料，而是「深知治中國傳統之學，須精讀古代典籍，以求明理致用。則平日功力在於『道學問』，最終則要達到『尊德性』的境界，效法王伯厚、顧亭林，紹朱子之學——不是不重視新材料，只是他深切了解學問的基礎，不在於搜求材料」。又説「余先生深明古書體例，甚不以五四後盛行的辨偽風氣為然」。既指出余嘉錫能明舊學傳統之所得，又指出新學所犯的偏弊。

牟師的學術興趣早慧，又有家學淵源。早在青年時期已能親近名師宿儒，及身而見梁啟超等前賢。加上生平與近代學術名家交遊廣泛，坐而論道，所以對各門各家的學術淵源和研究取徑，瞭如指掌。這樣的治學閱歷，不是全憑閱讀文獻所能洞悉其關鍵的。所以他之點評近代名家和名著，不啻為後學開示了近代學術的一份目錄學。一語中的，一言解惑。於今傳統學統云亡、老成凋謝的時候，這樣的點撥和提示，尤見其價值。

或許是言外話，但不無意義。牟師生長於北京，三百年舊京，潤育出一種特有的文化學術和藝術氣象。臺靜農先生在〈北平輔仁舊事〉（見《龍坡雜文》，洪範出版社，1988年）一文中，即就輔仁大學學風而説道：「舊京的文化背景，自有其特異之處。⋯⋯而將治學研究作為生命的寄託，理亂不聞，自得其樂。」我們看一些學者、文學家和藝術家等眾多的回憶錄，憶及北京人文薈萃、風流儒雅的氣象，確實讓人嚮往。大學畢業後，我接觸交遊四方的學者專家，從中了解到各方的學風，無意間發現自己的研究學風，似偏於「北派」。最初也不明所以，後來終於明白，自己四年新亞的歷史系，二年中大的研究院，師承就於北方學系。錢穆先生乃北大教授，嚴耕望老師是錢先生大弟子，王德昭和全漢昇老師是北大歷史系畢業，牟師是地地道道的北京人，連生活都是京人氣習，不用說學風了。這樣才豁然明白自己沾上「北方學派」的由來。上世紀二三十年代，文學上就有「京派」、「海派」的論爭。不講是與非，一時一地，文風、學風是有的。

牟師之在北京，及身而見梁啟超、錢玄同、徐森玉、周叔迦、余嘉錫（柯劭忞學生）、沈尹默、柳翼謀（詒徵）等；師事陳垣、柯劭忞、馬鑑（季明）、顧頡剛；交識的名家有胡適、傅斯年、郭紹虞等；同事則有范文瀾（師承章太炎和錢玄同）、黎錦熙（劭西）、白壽彝、李宗侗（玄伯）、蔣復璁、徐復觀；朋友則有魏建功、臺靜農、儲皖峰、莊尚嚴、柴德賡、啟元白（功）、余遜（讓之）、陸宗達（穎明）、楊樹達、周祖謨（燕遜）、方杰人（豪）、張佛泉、向達（明覺）、唐蘭（立庵）、錢鍾書（默存）、徐道鄰、方東美、殷海光、賀昌群、吳晗、趙萬里、譚其驤、楊寬等。近代文史名家，幾全在其中。這些交誼，其實是關乎學術的閱歷。

如謂牟師的學術思想只在揚譽傳統舊說，是一種誤會。在四卷著作的許多文章中，他之對能擷取中西治學方法，融合中西所長而有成就的學者，如王國維、陳寅恪、陳援庵、錢鍾書、方豪、李濟等人都大為讚賞，揚譽不已。他尤其認同陳援庵先生之推崇陳寅恪，説他「既通多種語言，可以考訂史料，又博識歷史輔助科學，可以多方面去解釋歷史」。（〈發展學術與延攬人才——陳援庵先生的學人丰度〉）又讚賞吳宓和錢鍾書，以他們的著作《空軒詩話》和《談藝錄》為例，言其能「借鑒他山，溝通中西理論，允為開新風氣之作」，強調學術之演進改變永應求新；説他的業師陳援庵、私淑的陳寅恪，洋化的淵源不可謂不深，對古代經典的認識，即非五四以來一般崇洋人物所可同日而語。他們雖受西洋和日本漢學影響極深，但又堅守傳統，而「成為中國現代史學上承先啟後的大師」，這樣的治學取徑，「更非崇洋派人物所夢想得到的」。（〈勵耘書屋問學回憶〉）他強調治史的目的，「中國史學家不菲薄西方的史學，可以接受社會發展的觀念，但不願完全捨棄傳統，通古今以為用的主張」。這正是在他《六十五歲自咏》中所説「明古用今史所司」、「生民休戚關史筆」兩句。他比較中西史學，對「西方史學目的在於歸納出社會發展的定律，中國史學則在於求致用，所謂史學的大義微言即在發明古為今用之理，不在於求出社會發展定律。中西史學方法從分析史料方法上説，極容易找到相合一致的説法，至於講求史事的大義，以期古為今用，則西方史學家至今所不能接受」之説，不以為然。

我也多次聽過牟師稱讚業師王德昭教授，説他講西方的史學方法，竟熟讀《四庫全書總目提要》並將之融入所授課程內，匯中西史學方法於一爐，表示佩服。相反，他之以治史學方法的姚從吾（士鰲），全照搬西方史學方法，未能融會中西的史學理念和方法，而為之可惜。對作為中國學者，只按西方漢學和日本所謂「支那學」的取徑和態度去研究中國歷史文化，或只懂掇取西歐的現成理論，去解釋中國歷史文化，去套入西方歷史，很不以為然。做學問硬套現成的理論，出不了真學問，距主體性的研究遠矣，更不説主體性的創新了。兩陳等老一輩以外，我想舉當代去世不久的何炳棣教授為例。何教授乃融合中外史學思想和方法，以中國史學為主體而重建和創新中國史學而大有成就的史家。

何炳棣教授是海外治中國史而揚譽國際的史學家，他雖然寓居美國，研究的又是中國歷史，但他是歷史學家而非漢學家。他的研究，運用、借鏡了西方史學方法，採用地質學、植物學等多學科的輔助，並能從世界史的角度去研究中國的歷史。觀何教授一生治學，不會簡單套用歐美現成理論，不會以中國歷史去比附既定的世界史論，諛媚歐美學術觀點，堅持以中國人的立場，以中國史為主體性作研究。（《讀史閱世六十年》，香港：商務印書館，2004 年）同時，何教授有家學，他諳熟古代經典及訓詁，也為他在傳統舊學奠下堅實的基礎。無論早年研究黃土高原的農業，晚年之研究中國古代思想史，他都能遊刃有餘地運用傳統訓詁學作研究。中國史學研究應回歸到一個中西、古今的理性和對何教授的重新思考和創新的問題，不可為西方史學理論而抹煞幾千年來傳統史學發展積累的史學理論和方法。融合而圓足歷史研究的方法和理論才是一百年後的前路。

牟師之在同代人中尤其在海外，所具罕見的傳統學養，與他廣泛的學術閱歷，及其對歐風美雨衝擊下的百年學術流變的反思，相信有極深的關係。牟師仙遊已近四十五年，而牟門弟子也先後謝世，碩果僅存者亦垂垂老矣。本人有幸在 1969 年至 1975 年得以忝為學生受教，在他晚年仍得以親炙。鄙人不學，也不早慧，因時代使然而專注於近代史，錯過了程門立雪以窺夫子之牆的機會，更「遑論妄談宮室之美」。今就最近重讀牟師著作四卷所認識，雖老病侵尋，勉力完成此文，也算盡忝列門牆的一份責任。若能得發「絕學」之幽光，引起中國學術界的關注和討論，也算是為學生者補過之行為，而不枉治史五十年的努力了。

原載《讀書雜誌》(香港：三聯書店)，第五期，2022 年 10 月。

王德昭

1914－1982

浙江嘉興人，北京大學歷史系畢業，美國哈佛大學碩士和訪問教授。一生從事教學和學術研究。早期任教貴州大學和台灣師範大學歷史系。又曾任南洋大學歷史系主任和文學院長，1966 年起任教於香港中文大學，歷任歷史系主任，中國文化研究所副主任和文學院院長等職。著作包括《明季之政治與社會》、《從改革到革命》、《清代科舉制度研究》、《孫中山政治思想研究》、《西洋通史》等。

德昭師的為學與做人

1969 年，初進中文大學歷史系，我就選修了德昭師的「西洋現代史」。該課程原是高年級課程，我們一年級初唸歷史的，相當吃力。不過修過了德昭師該門功課，不僅加深了我對歷史科的認識，增加了唸歷史的興趣，也開始傾慕德昭師的學問。其後的三年大學本科和二年研究生，每學年都選修了德昭師的一門課。德昭師是我在大學裏選課最多的一位老師，唸碩士班，德昭師更是我的指導教授。畢業後，無論身在本港或在外國，與德昭師一直保持聯繫，仍得在學問上請益問難。我個人的學問，受益於德昭師為最多；而從事學術研究，也以德昭師的影響為最深。這是要對德昭師表示感激的。

十二年來的受業和追隨，感到德昭師的為學做人，多可稱述。際此德昭師逝世二周年，倉猝草成此文，聊申對德昭師敬慕之情；其中如能發德昭師潛德之幽光，得沾溉後來者，誠喜出望外了。

一、認真而富啟發性的教學

德昭師在國內外大學任教凡四十年，畢生貢獻於教育和學術研究。

德昭師之任教於香港中文大學，自 1966 年以迄於退休，達十多年。退休後依然孜孜不倦從事研究、著述和社會文化活動，不知老之將至。

德昭師的教學，素為學生所稱頌。他在歷史系任教期間，開設課程之多，當時歷史系諸老師中，無出其右者。就個人所知，計有「宗教改革與文藝復興」、「法國大革命」、「西洋現代史」、「史學方法」、「中西交通史」、「西洋通史」、「中國近代史」、「中國近代思想史」、「近代中外關係史」等等，可謂中西俱備，專通兼顧了。德昭師開設這麼多門功課，不僅説明他的學貫中西，更重要的是表現出他具有一種高度負責任的教育精神。為了滿足學生的習史需求，充實系內的課程，不惜犧牲個人研究和撰述的時間和精神講授多門課程。平日言談，德昭師一再強調唸歷史的知識面要廣，基本訓練要扎實。為此他身體力行，為教學付出了大量的心力。這種對教育負責任的態度，比對一些專就自己研究之便，年復一年，重複着相同的一、二門功課的執教者，實不可同日而語。

香港中文大學
聯合書院
UNITED COLLEGE
THE CHINESE UNIVERSITY OF HONG KONG

Ref. No.

Shatin, New Territories, Hong Kong
Tel. 12-612211

萬雄兄：

昨晚接到您的電話，我因為正忙得忘其所以，有些小意見，所以您說等下次來時校對再談，我又說下次再談好了。今晨到辦公室，重讀您的信，覺得有些還須提前來說，倒失去了今天和您面談的機會，很是可惜。關於您所說的事，(1) 校外進修部課程調了，最好有底面兩份，而婦女手冊所見形式，底說得詳細些。(2) 討論陳樹秀的文章，中國時人來不及了，因所是您自己說給的立場；如屬可期，可交學問版。(3) 聯合書院刊一期，是否讀出，尚未定；(4) 您說的我底的文章，寫得很好，大時時報三卷可載稿，等我和您談過，有二處修改此[illegible]，換掉的[illegible]。紀

暑佳

德昭 六、廿四。

王德昭先生信札一

C.U.G.P. 6 20000-9-73

THE CHINESE UNIVERSITY OF HONG KONG

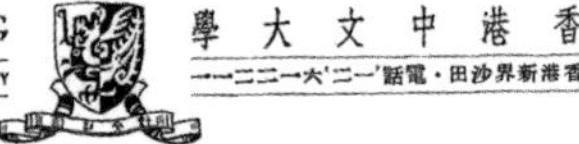

SHATIN · NT · HONG KONG · TEL. 12-612211 · CABLE ADDRESS · SINOVERSITY

Central Office

Reference:

萬鈞兄：

謝謝您寄給我們的李大釗的一篇佚文之印本，您的說明甚為得體，「言簡意賅」，文筆也洗練。我嘗批評您的文字，總覺得委曲有餘，而洗練不足。讀了您這篇紀文，甚覺這一批評不能用了。有一位在杭州大學歷史系任教的徐明德先生，他在籌劃和衛匡國（今年十月在北京籌畫舉行）紀念討論會之事，提出論文。他另寫了一個紀略節要所衛匡國在杭州的墓地的論文，約三、四千字，希望在九、十月間在外間刊物發表。您想您可否替他寫信介紹推薦之？

祝好

德昭　五．廿九

王德昭先生信札二

德昭師開設課程雖多，但內容質素極高，充實而富啟發性，此乃曾受業者所共知。其講授筆記向為學生珍視，可見一斑。

德昭師每在學期初，必印發一課程大綱。大綱詳細而具體。難得的，這課程大綱並不虛應故事。學年終，準能按原定大綱完成課程。德昭師授課，從不跑野馬，甚少講題外話。一字一句，都本自己精心準備的講義去講授。不過其講授形式與照唸講義如儀者迥異。講授時，德昭師的講義攤在面前，大部分時間卻是望着學生，聲調鏗鏘，附以輕輕的手勢，別具風采。講授時吐屬接近文體化，分析評論史事時，遣詞用字尤見講究。從黑板的兩邊向中間，依着講授進程，整整齊齊寫上難聽得懂的中、英文字句。一切都是那麼認真，那麼有條理。這種完全沒有插科打諢而又緊湊的講授形式，兩個鐘點的課，對我們來說也相當疲累，但不會沉悶，課後卻感到異常的充實，受用不少。

德昭師這種充實而認真的講授形式，是要付出驚人的心力的。他的博覽群書和精心的準備，從講授內容，我們還可以感受到。但他授課前備課的認真，同學知的不多。在研究院，我兼任德昭師助教，對他授課情況有進一步的了解。原來在課前的一晚和上課前，德昭師都要花一、二個小時，細心閱讀自己已精心備好的講義。有了這兩次準備，德昭師上課時便能出口成誦。這也令我想起有次德昭師忘了帶講義到課堂，依然能如往常般，從容不迫的完成那兩節課，而且講授依舊那麼有條理，吐辭遣句仍然那樣富於文采的事來。德昭師這種授課形式，用意在於在有限的時間內，使學生得到最大的受益。

德昭師極注重課程的完整和有系統。講義內容雖非全是他的創獲，但他能善用中外學者的研究成果，整理綜合，再貫穿自己的才識，自成系統，極富啟發性。這樣的講義，作為知識的接受或日後研究的準備，基礎是穩固的，訓練是扎實的。另外，德昭師每重開某門功課，必定大幅度增加新材料。這種嚴肅負責的教育態度，真是難能可貴。

二、博大而有光輝的史學研究

德昭師生前曾撰文壽其師鄭天挺先生。文中道及自己的治學，說自己是個「雜家」。這樣說固然一部分屬實，主要還是出於自謙。德昭師治史別具氣魄，另有規模。壽鄭天挺先生文中，即透露心聲，說：「我的治學之雜，其原先也有一種奢望存乎其間，只是力不從心，事與願違，以至垂老無所成。」文中雖未透露「奢望」所在，不過，德昭師的治史，顯然自始即設有大格局，以求畢生以竟全功。

個人受業德昭師多年，初期對他的治學格局和規模，不甚了解，僅從德昭師的治史中西兼備，古今兼顧，而認識到他的學識淵博，不以皓首窮一經為能事，如此而已。其後才領悟德昭師的治史規模和氣魄遠過於此。1977 年德昭師退休，始從教學與行政兩忙中脱身，專心致志於學術研究和著作。從他晚年的著述中，不難窺睹德昭師的學問有「百川歸流」的姿勢。為學生者正額手稱慶，願早睹其大成之際，奈何中道棄世，未竟全功，天意如此，嗟可歎息。要不然以德昭師浸淫中西史學數十年的功力，俾以時間，必能完成其生平治史宿願。

不過，德昭師生前豐碩的研究成果，已為中國學術界作出了大貢獻，從中也不難見到其治史「奢望」所在。

關於德昭師治史的規模和氣魄，郭少棠兄在〈王德昭師治史的規模〉一文中，有一相當概括的説明。他説德昭師實在是一個感受到中國近代面臨幾千年未有的巨變的知識份子的代表，持着開放和冷靜的態度，全面而客觀地去了解中西文化，使國人真正體會近代世界歷史的發展，以及認識中華民族所處的新局面。所以表現在治學上，其途徑是試圖比較中西史和以世界歷史的演變大勢去觀照國史的發展。關於德昭師在著作上所表現的這方面成就，郭文已有論述，茲不再贅。

根據不完全的統計，德昭師生前學術著作，單行本有七本；論文五十六篇，數量固然不少，而內容所涉，遍及古今中外的史學。要作歸納，德昭師的著述主要在三個方面：一、明清和近代史；二、史學思想和理論；三、西方近代思想史。其間貫穿着一條比較和匯通中西歷史的大脈絡。從〈伏爾泰的中國孤兒〉、〈戰國時代與文藝復興〉、〈馬基雅弗里與韓非思想的異同〉以至晚年力作〈從世界史看本國史〉等著述，充分顯現了他的比較和匯通中西史的治史氣魄和規模。

即使從德昭師的一些關於中國史的論述，也充分顯現他深厚的中西學養和匯通中西史學的用心。德昭師 1962 年出版的《國父革命思想研究》（台北：中國文化研究所）是一本博大精深之作。此書取精用宏，不僅系統而深入地論述了孫中山的革命活動及其思想發展的歷程，更值得注意的，是書內剖析了孫中山革命思想中繼承於傳統、吸收自西方和出於自己創造的三個思想來源，追本溯源，深切著明。從這方面考察孫中山先生的思想，至今尚無人能及，其成就也備受中外學界所重視。又如德昭師未得見其出版的遺著《清代科舉制度研究》（香港：中文大學出版社，1982 年）一書中，處處可見其要匯通中西歷史的意圖。茲引一段作證：

此外尚有一事甚至可注意者，即當中國因西潮迫來與新時勢的需要而不得不改變傳統的學校與科舉制度之時，西方以法國與英國為首，卻為公開政府職位與鼓勵人才自己競爭起見，而開始施行文官考試制度。公元第十七、十八世紀入華耶穌會士有關中國科舉考試制度的報道，與十八世紀法國啟蒙思想家（The philosophes）及重農學派思想家（The physiocrates）對於中國科舉考試制度的頌揚，使學者大體相信，法國初行於1791年，十年後停罷，其後於1840年代恢復的文官考試制度，乃取法於中國的先例。英國則東印度公司因在廣州的公司人員的建議，先在英國設立學校（公元1806年），訓練行政人員，經考試後派往英領印度任職。英國有識人士如亞當·斯密（Adam Smith）與邊沁（Jeremy Bentham），與法國啟蒙思想家及重農學派思想家也時有往來，而邊沁則為首倡在英國建立公開考試制度的一人。十九世紀前半來華的一位英國譯員梅篤士（Thomas Taylor Meadows）更著書立說，明白以中國的科舉考試制度為範例，主張在英國實行公開競爭考試，以改善英國的行政組織。所以英國於公元1855年開始建立的文官考試制度，其曾受中國科舉考試制度的影響，尤其顯見。中國於民國二十年（1931年）起實行公務人員高、普考與高、普考檢定考試制度，就其以考試取士而言，也可謂科舉制度的重演。惟在舊科舉制度下學校所肄習者為科舉之學，而新公務人員考試所考試者為學校之學。即此也可見教育與考試制度之隨時勢的變化而改革與廢之故了。

德昭師治史的一個重要特點是從大處着眼，由要處入手。就以他的中國近代史方面的著述為例，如〈同治新政考〉、〈國父革命思想研究〉、〈知識份子與辛亥革命〉、〈論甲午援韓〉、〈黃遵憲與梁啟超〉、〈譚嗣同與晚清政治活動〉以至晚年關於五四和國共合作的論述，都是歷史上關鍵性的問題。德昭師著作固不喜誇誇其談，也無心於餖飣考證，全以綜合和分析見長。德昭師這治史態度和觀點，早在他1942年出版的《明季之政治與社會》一書的前言中已宣示明白。他認為：

有一個時候，人們曾經非議過史學界專注考證的風氣，認為這種風氣每會使史學者對史事的認識襞積破碎，因而違反史學本身所應具的經世致用的價值。不過接着而來的卻是一陣無力的空潮，若干取巧的、大言的、公式主義的著作，風行了一時，接着又消沉下去。……

本來歷史的發展既然是一個歷程，我們對史事就也應該用一種對於歷程的看法，來加以觀察。我們觀察一條道路的延伸，如果我們需要得到關於這條道路的全部知識，第一我們就必須要知其「然」，方向的遵循，地勢的崇卑，景物的取捨，基面的構築，乃至沿路的設施等等，都是應該知道的條件。然後我們再進而求其「所以然」，就是從各種相重的關係中，探索出所以如此的理由。不知前者而想追尋後者，其結果只能出諸憑空的虛構；僅知前者而不知探索後者，則其勢將永不能透悟其中的道理，而其所得也只能限於路工的片斷知識，不能往觀全局。這兩種看法，前者是考證的，記錄的，敘述的；而後者則是哲學的，原理的，或所謂史觀的。

這段話寫在六十年前，用之以審視當前史學研究，仍能切中時弊，擲地有聲，足可令史學界反省。

另外，讀德昭師的學術著作，不難感覺到有一種強烈的愛國思想，不少論文則旨在糾正中外史家對中國歷史所持的偏執觀點，對別有用心的觀點，他予以揭露，不稍假借。不過其愛國思想卻不遮掩其論述史事的客觀和平實，全以理服人。平心而論，德昭師的學術著作是不太容易唸的，其因由有三個方面：其一，行文謹慎，用字講究，極慳筆墨，言簡而意賅;其次，他喜歡通過史事本身的排比去顯豁論點;三，主要還在他的文章包攝廣而用意深。他的《國父革命思想研究》不啻是一本近代思想史；他的《清代科舉制度研究》也不啻是一本清代思想史。德昭師的著作所涉，雖遍及古今中外，但其研究核心主要仍在思想史，尤以思潮史最為擅長。

三、嚴以律己，寬以待人

十二年間的親炙，德昭師的勤奮、謙虛、認真和待人誠懇的態度，都給我留下了深刻的印象。

德昭師一生所受教育，路途相當曲折，終歸學有所成。待其任教於大學，教學而外，由於他富有才幹，一直以來都擔當繁重的行政工作。但一生依然能撰寫出大量有分量的學術論著，全有賴他過人的勤奮和精力。據師母說，德昭師病發的頭一句話也是最後的一句遺言，是「康復後我真要好好休息一下」。德昭師一生是過勞的，少所娛樂。逝世前的德昭師，雖云退休，但仍孜孜不倦，以研究和撰述為事。既要為他的中國近代史論文集的幾篇英文稿翻譯成中文，又要校對《清代科舉制度研究》，更要為香港著名英文報刊撰寫連載的世界史講座，等等。甚至忙得一邊吃飯一邊改稿子。德昭師即曾告訴我，說他習慣晚上睡上床後，思量和推敲日間寫作上的用語。他說日間太忙了，干擾又多，心神不那麼平靜，寫東西時總覺用字難得愜意。晚上睡前的寧靜，最好利用，云云。由此可見德昭師勤奮的程度。「要好好休息一下」這句遺言，是從不肯一息懈怠，辛勞一生的德昭師的心底語。這句話也概括了德昭師為教育、為學術、為探索中國前途而鞠躬盡瘁的一生。可惜德昭師此生無法再過些優遊林下的晚年生活了。終其一生為教育為學術而竭盡心力，或者這是求仁得仁吧！

德昭師為人極謙遜，向來樂道人之善，卻甚少貶損他人。說話做事，很能從人家的立場去設想。讀書人尤其學術界，易犯自以為是，好同惡異，妄肆褒貶的毛病。德昭師卻無此種毛病，從他身上，就體現了傳統理想讀書人「嚴以律己，寬以待人」的德性。況且，德昭師不尚空談，注重實幹，自己也是默默地工作。原北京中華書局總經理兼總編輯、著名中國近代史學家李侃先生即曾對我說，謂德昭師是他交接海外中國學者中，最具有溫厚風範的一位讀書人。不過德昭師做人其實是外圓內方，每遇原則性問題，卻很有稜角的。

舉二樁事可概括其餘：其一，中文大學欲購下香港「友聯研究所」關於中國大陸的各種剪報、聽廣播摘錄及相關各種資料的檔案。時哈佛（或哈佛燕京學社）願出資中文大學。此事由德昭師主其事，但資金提供方的條件要求中大以後繼續收聽、收集中國大陸資料情報。德昭師因此斷然拒絕，也勸阻中大當局洽談此事，至事不成。其次，內地開放之初，德昭師回北京訪問，主辦單位舉辦藝術欣賞會，德昭師邀請的親屬，因是右派份子，被拒絕乘專車前往。德昭師遂與親屬一同步行到會場。

德昭師樂於助人，愛護學生。就個人經驗，無論向他請教，找他談天或求他幫忙，從未拒絕過。他真沒空時，也會用徵求意見的語氣，商量改改時間而已。要他幫忙的，準能按所允做得妥妥當當，時常做得超出你要求之外。學生稍有所表現，鼓勵有加；犯了過失，從不見他疾言厲色，仍是和藹可親地、平心靜氣地指點幾句。唸研究院時，兼任德昭師的助教。其間，德昭師不僅不給你幹份外之事，反而凡事親力親為，盡量減少你的工作。有時過意不去，我主動要求多為他做點工作，德昭師總是說：「好好做你的論文。」所以在研究院的二年間，能完成一篇像樣的論文，德昭師的照拂很是重要。後來論文獲校方通過出版，序中我寫了兩句簡單道謝他的話，看後他對我説：「多謝您的稱讚，其實您的論文是我最不用費心的。」實際上，我的論文，德昭師一字一句，甚至一個個標點的給我細心修改過。德昭師這種謙虛而獎掖他人的態度，相信很多同學都感受過，不獨我而然。

原載《王德昭教授史學論集》編輯委員會：《王德昭教授史學論集》，香港：商務印書館，1985。

王德昭師抗戰時期一些事蹟

德昭師無論見諸文字或平日言談，絕少說及個人生平行事。在校期間以至離校，甚至直到他的去世，我一直視德昭師為純粹的學者。直到德昭師去世後，才從師母、他的老朋友、老同學的追悼文章中，零散的知道德昭師在青壯時代預身大時代救亡活動的一些事蹟。

師母陳琬女士在〈王德昭教授之生平事略〉一文中，[1] 雖然簡略，卻是首次表述了德昭師的生平大概，內中並說及德昭師在北大和抗戰期間的一些救國活動。

德昭師逝世後，陸續拜讀了德昭師的朋友和他的同學對他的追憶，加上平日翻閱近代著作的材料，也發現了一些他在抗戰時救國活動的蛛絲馬跡，因而引起我摭拾德昭師生平這方面材料的興趣，以期抉發他年青時期作為一個有血性的知識份子的潛德，並彰顯他日後從事學術研究和教育的旨趣。

1　見《從改革到革命》（北京：中華書局，1987）。

德昭師是 1934 年考入北京大學歷史系。德昭師入大學的第二年的 12 月 9 日，就發生了著名的「一二・九運動」。是日的午後，北京發生學生示威運動。據德昭師同班同學、近代史家孫思白教授的回憶，説「當一隊遊行的學生來到沙灘北大一院門前呼喊着抗日救亡口號時，北大校園突然一陣急促的鐘聲『噹噹噹』打響了。聽到這不同尋常的鐘聲的同學們紛紛地從課室、圖書館、宿舍中衝出來。……臨時集合起來的幾百個同學加入了遊行隊伍。那個敲起鐘聲的是誰呢？事隔四十多年了，我才知道，原來就是王德昭。」[2] 另一北大同學劉玉柱亦説，「現在聽説緊急打鐘召集同學的是歷史系的王德昭」。[3] 時為北大學生運動主將的朱穆之也強調「北大學生會是『一二・九』第二天成立的，但在這之前，各班就開始選學生代表，活動起來了。『一二・九』那天校園打鐘，東大的同學在外面叫，大家才出去的，是臨時組織的。」[4]

---

2 〈追念王德昭教授〉，見《從改革到革命》。

3 見孫思白主編：《紅樓風雨》（北京：北京大學出版社，1985），頁 25。

4 〈回憶「一二九」運動〉，見《一二九運動回憶錄》（北京：人民出版社，1982），頁 155。

1935年這個抗日救亡的愛國運動，持續了一年半。從可見資料，德昭師一直是積極的參與者。同年12月4日，北大學生曾籌組學生委員會，王德昭師是七位起草委員會成員之一。12月11日，北大成立學生自治會，選出十七位執行委員會，德昭師是學生會中的委員。不到幾天，發生了更大規模的「一二・一六遊行」。當天早晨北大學生還沒集合之前，德昭師在從西齋到新西齋的沙灘街上已被警探捕去，囚禁起來。[5] 當時北大同學謝雲暉在往後回憶座談中說：「這個人（指德昭師）我認識，他經常在圖書館搞什麼資料，寫文章。」另北大同學曹振之則說：「王德昭和我們是一個班，他學習比較好。」他們並指出當時「一二・九運動」的骨幹，一般都是用功的學生，不用功在同學中說話沒有威信。[6] 王師在紀念他老師鄭天挺先生時，自己亦說及這件事。他說：「『一二・九』運動起來後，堅決主張抗日的同學很快結成了同志，我也算是其中的一人。就當時北平的學生運動

---

5 見王德昭當時寄夫人〈寄婉〉為題刊在《北大周刊・一二・一六示威特刊》上，今刊在《中國現代革命資料叢刊》第一輯（北京：人民出版社，1981）。

6 〈北大一二九運動三人談〉，載孫思白主編：《北京大學「一二九」運動回憶錄》（北京：北京大學出版社，1988），頁45。

來說，我自然只是在外圍搖旗吶喊的一人。但惟其如此，倒也真做了不少搖旗吶喊的事，結果引起了北平偵緝隊的誤會，以為我是一個重要角色。在『一二·一六』這天清晨，北大示威的隊伍尚未集合，我在從西齋去新西齋的途中被捕。」[7] 這只是他的謙退之辭。在此運動中，他參與程度實遠過於此。1937 年 3 月選出第四屆北大學生自治會，王德昭師即是研究部長和周刊編輯委員會委員，可見他在北京大學的幾年，一直參與學生運動。與他相識五十年的朋友宋海文先生就回憶說，德昭師「到北京考進北京大學歷史系。從此開始他的寫作生涯，以賣稿的收入維持自己的生活。在三年級的時候，和中學同班同學陳琬女士結婚，賣稿收入，兼養妻兒」。他再說：「這正是日本帝國主義侵佔我東北、向華北步步進逼、全國學生運動如火如荼高漲的時期，每個有血性的學生都是會投入這運動的。可是聽說現在有人將王德昭歸入為一二·九運動經常在圖書館看書寫作，不參加學生運動這類學生，這真是怨哉枉也。他對同學對他上圖書館的誤解，有回應，他說『從 1935 年起，我開始寫稿換稿費，

7 見〈鏗然舍瑟春風裏——述往事為鄭天挺毅生師壽〉，《南開大學專刊》。

足以自己維持生活。——這也是為什麼有的同學至今還記得我常在圖書館翻譯文章賣稿費的原因。但同學們一般都藉祖先的餘蔭，席豐履厚，不會知道在『賣稿費』三字後面的酸辛。』」[8] 對王師在北大學時生活的困苦，師母有一段較詳細的回憶說，王師「學費及生活費，因無家庭的支持，歷盡艱困。為無錢買英文課本，有一位善心的同班同學趙春谷（現在在雲南大學歷史系任教）在上課之前，必送書來讓德昭唸一遍，才同去上課。德昭平時常寫稿和翻譯文章，送寄報館或雜誌社以換取稿費來維持生活。德昭其時寫稿甚多」。[9]

抗戰開始，據師母說，「一九三七年八月，對日抗戰開始，德昭即返浙江家鄉，參加抗敵後援會工作。後聞北大清華以及南開三大學，合組臨時大學，在湖南長沙開課，即自家鄉輾轉至長沙就讀。課餘，曾為《火線下》（三日刊）寫社論，後又為《觀察日報》寫社論任編輯。德昭日間需返學上課，夜間復為報館工作，每日之睡眠時間，僅兩三小時而已。」[10] 關於《觀察日報》，創辦人和主持者、日後著名歷

8 見註 6 一書。
9 同註 1。
10 同註 1。

史學家黎澍先生，對此事有過相當完整的回憶，其中特別說到了德昭師。他說：「《觀察日報》編輯部的骨幹，最初是由我和北京大學的四個學生組成的。其中至今最為許多朋友和同學所懷念的是楊賡。……其次是王德昭。王和楊賡是北大同學，是當時唯一帶有妻子兒女的人。他參加我們的工作以後，一個最尖銳的問題是生活。我們報社是只供伙食，沒有工資的，這種待遇使他無法同我們一起工作下去，不久就離開了。王德昭是我們中間最能寫的一個，他的離開，大家都感到惋惜。」[11]

師母陳琬女士與我聊天時，也曾面告在抗日戰爭王師的一些活動。尤其多次說及王師在 1940 年秋，至重慶《益世報》任國際版編輯。後又至抗戰前線河南葉縣擔任「三一出版社」社長，同時兼辦《華中日報》，屬抗戰時湯恩伯兵團半官方抗戰刊物。詩人臧克家曾說到他在後期「三一出版社」工作過，曾與德昭師共事。他說湯恩伯「調我與幾個人到葉縣來充實一下『三一出版社』。『三一出版社』社長王德昭，北大畢業，年輕有為（現在是香港中文大學中國文化研究所教授，多次應邀到國內參加學術活動），和我一見如

11　黎澍：《早歲》（長沙：湖南人民出版社，1986），頁 8。

故。編輯部一共七、八個人⋯⋯。就憑這樣的一個班子，當時湯恩伯還要揚言要向商務印書館的道路上發展。」[12] 臧氏時任德昭師副手，德昭師離開後遂由臧氏代理社長職務。後因出版不符湯恩伯意願，惹湯干涉而臧也離去，編輯鄭昌淦等甚至遭到關押。至於王師何以離開該出版社，清楚記得，師母只半說笑半認真的說，當時臧克家等人，都是文學界風雲人物，德昭師雖為社長，是難於駕馭他們的話。

在學其間，學識淺仄，我們當然無從全面認識德昭師學問的旨趣。從他所授科目，所撰論文，以至面向學生和大眾的演講課題，雖然總感覺另有「深意存焉」，無不讓人能洞察歷史發展，理解時勢所趨，關注現實，以為時用的。同門學友香港浸會大學歷史系教授周佳榮兄，在其撰寫紀念老師的文章中，說到德昭師在 1942 年出版他的第一本歷史學術著作《明季之政治與社會》[13]，「這是一位潛心歷史研究而又關懷現實社會的學者，在中國自明末以來的歷史經驗中，為

12 見《詩與生活》（香港：三聯書店，1982），頁 158。

13 重慶獨立出版社，1942 年 12 月。

探求國家民族的出路所作出的努力」。[14] 其實，我們現在學問有寸進，回顧王師一生的學術研究課題、大學中開設的課程、面向大眾的各類公開演講，無不如此。雖然他專擅的是中西交通史、世界歷史和中國近代史，對西方史學理論和方法造詣也深，但他的為學宗旨，一言以蔽之，仍舊貫穿着傳統史學「經世致用」的正宗。這種「經世致用」，一如他在《明季之政治與社會》前引中所說的，「用史事比擬現實，有時確也危險不過。……不過史實既然是已成事實，一件已成事實，假若我們能辨明它的原委，剖析它的因果，總多少可以引為現實的借鏡」。這就是「經世致用」的現代解釋，也就是「王德昭史學」所以讓我們感覺有「深意存焉」的理由。

其實，晚年的德昭師是有心撰文，留下他一些生平往事的。他在香港《新晚報》一篇〈憶往事悼嚴慶澍兄〉中就說：「我以述往事來紀念亡友，除了這些往事與亡友有關外，也想留點資料，供此後為我寫紀念文字的朋友參考。」[15] 他這個願望，相信不全在於表彰自己，而是要為那個救亡圖存的

---

14 周佳榮：〈從《明季之政治與社會》到《清代科舉制度研究》——我所認識的王德昭師〉，見《王德昭教授史學論集》（香港：商務印書館，1985）。

15 見《新晚報》，1981 年 12 月 20 日。

大時代，留下可記可述的種種，因為他是在大時代的歷史中走過來的。可惜天不假以年，不如他願。今摭拾他這方面生平的瑣碎片斷的材料，草成此文，以補先師遺願之萬一，亦作為對恩師的緬懷。

王德昭著
《孫中山政治思想研究》導讀

學術著作，有風行一時，漸因時代遷移而受淘汰，永失其價值者；有因研究紮實，根深葉茂，立論嚴謹而有不易的卓見，歷久常新，可傳之久遠者。先師王德昭教授舊著《孫中山政治思想研究》（原名《國父革命思想研究》，1962 年在台灣由中國文化研究所出版），當屬後者。

近日發興比較孫中山先生與土耳其國父穆斯塔法・凱末爾・阿塔土克（Mustafa Kemal Ataturk, 1881-1938）的革命思想和革命功業，重讀了王師著作。王師該書在學期間，或日後做研究工作，已讀過不知多少遍。近二十年的中國近代史研究中，「孫中山研究」一直是熱門課題，出版過的著作和論文千百計，其中不乏推陳出新的研究成果。今次重讀王師該著作，仍感其研究進路，獨樹一幟，為當今孫中山研究所闕。書中勝義紛陳，於我啟發仍多，有後撰者不可取代的參考價值。該種感受，諳於辛亥革命和孫中山研究的海外學者，屢有同感。

王師該著作的最初出版，囿於二十世紀六十年代初的時艱和書業運作的落後，本就流通不廣，只傳讀於當時的孫中山研究者之間。初版也早絕跡於書市，後之研讀者實無法得睹。八十年代中文圖書出版突飛猛進，而王師已歸道山，亦無從修訂以應學術文化界的需要。今逢辛亥革命一百周年紀念，孫中山的革命思想將引動研究者的關心與讀者的興趣。相信王師久已絕版的該書如能重新出版以廣播，將大有益於對孫中山思想和辛亥革命的認識。故此推薦給香港商務印書館，再推薦給北京中華書局，並請得高壽而寓居於美國的師母王陳琬女士的同意，重排出版。

《孫中山政治思想研究》其撰作之緣起以至出版過程，王師〈自序〉中已有言及，此處不贅。此書結構如目錄所示，由兩篇長論文組成。一是〈同盟會時期孫中山先生革命思想的分析研究〉；一是〈孫中山先生革命思想的分析研究〉。前者是研究分析孫中山早期的革命思想的發展；後者是研究分析孫中山思想形成後的思想系統和特點。兩者相輔相成，互為補足，全面揭示了孫中山思想的中外來源、發展過程、內容要點、理論系統、時代特徵以至實行的成效等，是一本研究孫中山革命思想體大思精之作。

牟潤孫師在悼亡德昭師文中，曾道及德昭師為學特點，説他「中西史學兼通，既擅長西洋史更能講近代史，講中西交通史與史學方法論尤為出色……他治學不故為新奇之論，更不以異説譁眾取寵，平正而翔實，頗為難得」(見《海遺叢稿．悼亡友王德昭》，北京中華書局，2009 年)。牟師所説，切中肯綮，知人知言。《孫中山政治思想研究》充分表現了德昭師的治學所長和治學特色了。

孫中山一生，手不釋卷，博覽中外古今群書，擷取革命和治國思想精華而融會貫通之。孫中山先生成長和革命活動蹤跡遍及中外各地，默察時世，體察人情，有實際的體驗。孫中山先生一身而預大小實際革命的組織和策劃，理論與實踐並重，所以創就了他自成系統、成一家之言並孚時用的革命和建國思想。要將孫中山思想組成，追本溯源，發展脈絡，邏輯理路，以及照應時勢所作的取捨，作草蛇灰線的疏理，談何容易。非兼通古今中外思想學説，諳於近代中外歷史形勢和史實，掌握有關孫中山行事的大量史料，予以疏理而不為功。近代孫中山研究者能具備如此種種條件者，德昭師足矣，所以能成就此體大思精、鞭辟入裏之作。

際此辛亥革命一百周年紀念與德昭師去世三十年的時候，能重排出版《孫中山政治思想研究》，俾流通士林，廣益孫中山先生和近代中國史的研究，公器私誼兼得，故不揣淺陋，略作導讀説明。

原載王德昭：《孫中山政治思想研究》，香港：商務印書館，2011。

嚴耕望

1916－1996

安徽省桐城縣人。國立武漢大學歷史系畢業。在齊魯大學國學研究所進修，師事錢穆先生，並任該所助理員，歷任中央研究院歷史語言研究所研究員，香港中文大學中國史教授，中國文化研究所高級研究員，美國哈佛大學訪問學人，耶魯大學訪問教授，中央研究院歷史語言研究所特約講座，東吳大學特約講座，新亞研究所教授等職。1970 年當選中央研究院院士。1996 年於台北忠孝醫院逝世。著有：《秦漢地方行政制度》、《魏晉南北朝地方行政制度》、《兩漢太守刺史表》、《唐僕尚丞郎表》、《唐史研究叢稿》、《唐代交通圖考》、《治史經驗談》、《治史答問》、《錢穆賓四先生與我》、《嚴耕望史學論文選集》等書及學術論文百餘篇。

粹然一代學者的風範
——敬悼嚴耕望師

常私自慶幸，能在大學期間，親炙了多位足可以傳道授業有一代風範的老師，嚴先生是其中的一位。

夜半在倫敦，傳來嚴老師病逝台北的電話，當時的感覺是意外也不完全意外。所以意外，今年春節後，約同幾位同學與嚴先生和師母便飯，順便向兩位老人家拜晚年。記得席間除閒聊外，主要是向嚴先生請教宋代文化史的研究問題。師生暢談甚歡，不幾個月竟遽歸道山，未免突然。說不完全意外，嚴先生到底是年逾八十歲人了，何況近兩年明顯衰老了，又病頭眩，不能讀書和做文章。幸喜看去精神尚可以，他並信心十足的說，待休養好了要完成未竟的學術撰述計劃。聽到了嚴先生逝世的一剎那，個人心情以其說是悲哀，不如說是寂寞：是一種喟歎文化花果飄零的寂寞。近幾年每逢一些相熟的前輩學者的逝去，心頭總不其然襲來這一種寂寞感——喟歎有風範的人物的日漸凋零；中國人口愈來愈多，人物卻愈見愈少，真足感慨。

嚴先生是國際知名的學者，在中國歷史地理和政治制度史的學術研究，成就卓越，世所公認。他學術上的成就，身後自有方家和高明者的論述。余英時先生的〈中國史學界的樸實楷模——敬悼嚴耕望學長〉和金耀基先生在香港追悼會上的〈剛毅進取　樸實沉潛——敬悼嚴耕望先生〉二文，對嚴先生的學術成就、學問特色以至行誼風範都有精闢的論述。説他做人「以道家自處，以儒家待人」，「淡泊自甘，寂寞自守」；説他一生矢志於學術到了「造次必於是，顛沛必於是的境界」；説他的史學成就「達到通博與專精相反相成的境界」。這是畫龍點睛的評論。這裏，我只就親炙嚴先生的個人聞見的二三事，側面反映這位一代學者的學問和做人的風範。

在六十年代和七十年代之間，中大分新亞、崇基和聯合三個學院，各有自己的學系。三個學院都設歷史系。當時新亞書院歷史系的老師，如嚴先生的政治制度和歷史地理，牟潤孫師的史學史、經學史以至學術思想史，王德昭師的中西交通史、西方史和中國近代史，全漢昇師的經濟史，陳荊和師的東南亞和日本史等等，都是當時學術界一時之選。在升二年級時，因仰嚴先生之名，擬申讀嚴先生的中國政治制度史，系內以該科屬高年級課程而不獲准選修。自三年級起，個人研讀興趣集中到中國近代史和思想史，並以之為日後學術研究目標所在。目標一定，自此修課專以圍繞自忖能有助於日後研究作取捨。時少不更事，識見淺薄，竟以為中國政治制度和歷史地理無助於自己的日後研究，再沒有選修嚴先生的課。四年級前，對嚴先生學問的深厚、人格的純粹，雖不缺景仰和尊重，然而直接交往、私下請益的機會不多。上四年級，嚴先生是我們班的導師，分別約見同學晤談。在首次晤談中，我才發現嚴先生對我在學校生活和讀書情況知之甚詳，感動之餘連忙向嚴先生道歉，説明一直沒有選修他的課的原因。不過我直言，嚴先生的著作我看得明白的都讀過了，並舉列一些文章以茲證明。嚴先生和顏悅色地說，你不一定要選修我的課，系內老師值得你修的課很多，我的課非你興趣範圍所在，而你能讀過我的著作不少，我很高興。這次一晤，嚴先生對學生的關心獎掖，胸懷的寬廣，有了切身的感受。

嚴先生是我離校後一直謹執弟子禮，保持相當聯繫的老師，每遇學術問題首先想到請予指導的老師之一。

在大學和研究院，我們一班同學慣常在春節大年初三到老師們家裏拜年。每到嚴先生府上，所見不是過年食品和飾飾，鋪滿地板、桌椅的全是書。其實，一年三百六十五日，雖是春節，對於嚴先生來説仍然是讀書著作的日子。

負笈日本後，才曉得嚴先生在日本學術界享有盛譽。曾有日本學者關於嚴先生，向我問過一事又告訴過我一事。問的是嚴先生是否有一組研究人員協助他研究。我聽了奇怪反問何以有此一問。他回答我說，不要說大量的論文，就《唐僕尚丞郎表》四冊、《秦漢地方行政制度》二冊、《魏晉南北朝地方行政制度》二冊等等，如無一組研究人員的協助，很難想像憑個人之力，能出此成績。我告訴他嚴先生做研究，一條資料的查閱，一張稿的抄寫，從不假他人之手，遑論有一組人員的協助了。如果他再看到日後五大冊的《唐代交通圖考》的出版，更會瞠目結舌了。嚴先生自少立志從事史學研究，及早設定中國歷史地理和政治制度為研究目標。其構想的宏大、其需要的「恆心和毅力真足以驚天地而動鬼神」，是一種要憑個人力量，一手一腳用一磚一瓦去建築學術長城的計劃。至於這日本學者告訴我的，是嚴先生某年受邀到京都大學人文研究所作訪問時的一件軼事。在訪問結束的一次禮節送別聚會中，嚴先生拿出新買照相機，與各人合映留念。拍過了嚴先生打開照相機，套出膠卷，要讓大家看看拍得如何。結果一卷膠卷當然漏了光，只好作廢。此事在日本學術界傳為佳話。並說當時日本學者很佩服，佩服嚴先生做學問的專注到不食人間煙火的地步。後一事孰真孰假，因是聽聞，不敢說實。

嚴先生一生嚴守不涉足酬酢，不願當客座教授和所長等種種事例，甚至在世俗眼中到不近人情的地步。他矢志要完成學術長城宏大工程的堅定意志，然而在俗世生活上言，這要多大的勇氣，非大智大勇者闕能臻此。不從嚴先生一生行事的檢閱，亦無從發現他的大智大勇的一面。

無論學術界中人以至學生，都不難認識到嚴先生的一生是一個純粹的學者。嚴先生一生不追求事功，終身不渝、一以貫之從事教學和學術研究。不過，我理解的嚴先生作為一個純粹的學者，有過於此者。在他的《唐代交通圖考》〈序言〉中，有一段話說：「再者，當代前輩學人晚年著述，往往寄寓心曲，有一『我』字存乎筆端。余撰為此書，只為讀史治史者提供一磚一瓦之用，『今之學者為人』，不別寓任何心聲意識。如謂有『我』，不過強毅縝思之敬業精神與任運適性不假外求之生活情懷而已！」這段話得見嚴先生是一個何等有過人識見和現代意識的學人，這是一段直透中國傳統學人和知識份子性格本質的理解。這段話除肯定學術的科學性外，可見他是以一純粹學者而自重自傲。這種認識，不是多少學者甚乎飽受西方文化洗禮的學者所能認識到的。中國讀書人至今仍輕忽作為學者、文學家、藝術家、專業人士以至企業家的自重的獨立價值，常要附麗於作一個知識份子以自傲，亦因而容易混淆了公民與專業的不同身份，不管在朝在野自覺與不自覺也容易產生「帝王師」的思想意識。由他的言行和文字，嚴先生並不是想像中那麼傳統，而有其相當現代觀念的一面。在個人思想價值上，他也是一個外圓內方的人物。

嚴先生撰寫的大量政治制度和歷史地理著作，不易讀，也難從中窺測他做學問的歷程和門徑。幸而他晚年接連由台灣商務印書館出版了《治史經驗談》、《治史答問》、《錢穆賓四先生與我》三小冊，流通港台。這是了解嚴先生自身的學術以至研究近代學術思想史的重要文獻。為便於行世，我曾進言台灣商務張連生總經理，可以將三書合成，出版一較大開本的著作。張先生屢向嚴先生提出，都為嚴先生所婉拒，理由也不得要領。聞此，我專程到嚴先生府上，代張先生向嚴先生進言。才曉得嚴先生所以屢次婉拒出版合成大開本，是顧慮到年輕人的購買力。我告訴他時下學生不缺這些錢，如果他們願意購讀的話。小冊子不顯眼，反不利書店陳設，影響書的流通。嚴先生聽我這一說才算點頭同意。此合成本嚴先生說尚要將新寫二篇關於錢賓四先生的文章收入，以求完整。這就是現今所見大開本的一段故事。

嚴先生逝世時雖年逾八十，屬高壽，但在我們同學心目中，嚴先生淡薄名利、生活極有規律，按理可活得更長壽些。只是晚年太用功了，勤奮的地步和心力的消耗決不是一老年人所能負荷的。或者嚴先生感覺時不我與，希望奮力築

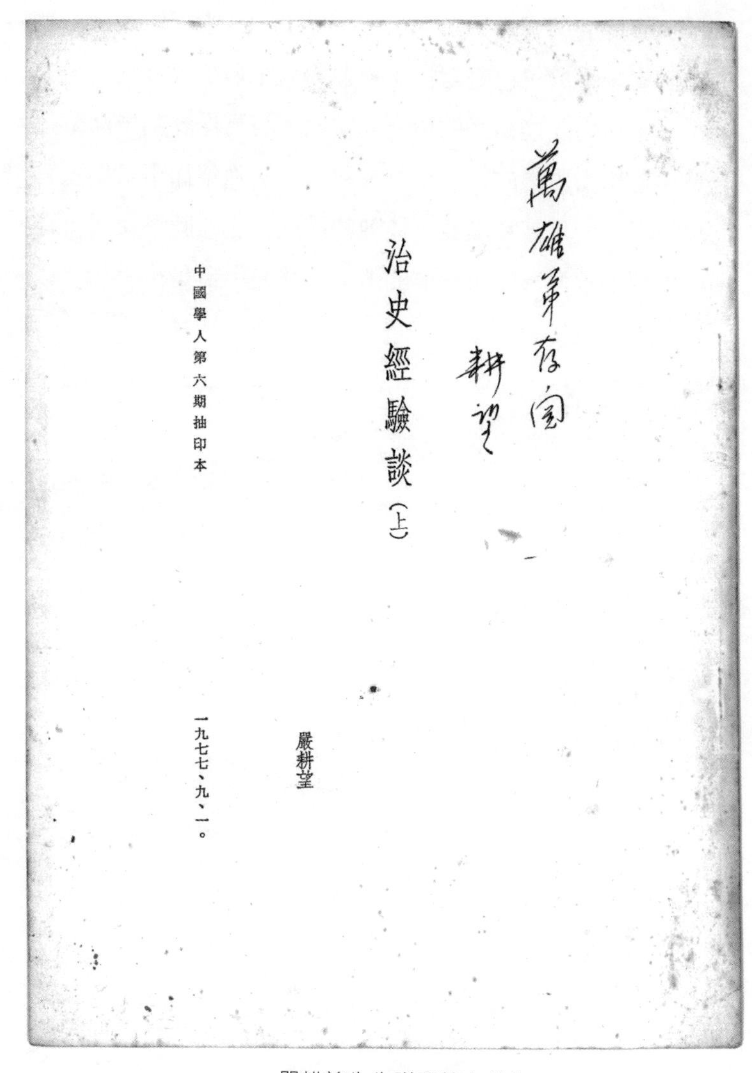
萬雄弟存閱

耕望

治史經驗談（上）

嚴耕望

中國學人第六期抽印本

一九七七、九、一。

嚴耕望先生贈閱筆者著作

好他的宏偉的學術長城。可惜天不假以年，中國中古歷史地理計劃尚未完成，已覺遺憾；更遺憾的，最少現今只有嚴先生積一生功力才能寫好的中古人文地理的寫作計劃未動筆，更是中國學術史上的一大損失。學者到了晚年從事著作，有二種情況：一是多寫無益，徒陳腔濫調；一是時不我與，讓學術界留下永遠及無可補償的遺恨。嚴先生自是後者。

原載《讀書人》第 23 期，1997 年 1 月號，香港藝文社出版。

嚴耕望先生紀念發言稿

嚴先生去世時，曾撰〈粹然一代學者的風範 —— 敬悼嚴耕望師〉一文，以茲悼念。我在大學期間，無正式修讀過耕望先生的課，實無資格、亦無能力為文稱頌嚴先生的學行。悼念文章，全在於個人與嚴先生有限的接觸中的一些感念，並作為一個學生對老師道德學問崇敬的表示而已。年來，前輩學者和學兄，追憶、稱述嚴先生的文章甚夥，無不拜讀，深獲教益，對嚴先生的道德文章了解更深，得補前愆。

在這裏，我只能從一些不顯眼的小事，去說說嚴先生的「師道」。

嚴先生對恩師賓四先生終身不渝、老而彌堅的「克盡師道」的事跡，彰彰在人目。據我所知，嚴先生為紀念提拔他到中研院的傅斯年先生的百歲冥壽，耗費大心力趕寫論文，以致心力交瘁而病倒。之前，嚴先生已病暈眩，甚至他堅持經年且喜歡的假日行山也去不了。一日我們幾位同學到他府上拜訪，他將在書桌上攤開的一篇稿文，指給我們看，並輕

30

萬雄弟：

大作五四新文化的源流，已略看過，甚有見地可喜。我也得了不少新知識，尤其有些先前人，我在中學讀書時早聞其名但不知其何許人，今讀此書乃知其究竟。p.97表中安慶府中學欄「胡渭、陳[illegible]」「[illegible]山」兩名可補入。今日收到李[illegible]個先生付來，已看一過，對孫先生的行誼有進一步瞭解，晚年雖遭打擊但仍能活到八十餘歲，亦可釋懷！

耕望

嚴耕望先生手札

輕地説，這篇文章不能不寫，亦不能不認真寫好，因為這是紀念傅斯年先生的。

我新出版了《五四新文化的源流》一書，寄給了嚴先生。一方面作學習成績的匯報，一方面是感謝曾得他的指導。事緣在寫這本書，我另出蹊徑，用另一種角度去探索五四新文化運動。資料有了，結論也有了，就是全書的結構與如何表述，傷透了腦筋。一時想起了嚴先生，因讀他的論文，所及的政治制度和歷史地理，資料分散而瑣碎，拼攏成文，要很講究文章的結構和表述形式，所以在日本冒昧寫信給嚴先生，以求指導。不久，嚴先生回我信，客氣地作出一些建議。對我此書寫成起了作用。所以，書出版後，我要奉送上給嚴先生。可惜嚴先生這封回信遍尋不獲，可能在日本時已丟失了。想不到的，不多久，嚴先生回我一信，並檢閱拙著一遍，指出了一些地名的小誤。信中，嚴先生説到書中有記述到他中學老師、史學家李則綱先生的材料，希望我將這些材料寄給他。我並記得信上，嚴先生滿懷感情的説到他對李則綱先生感念之情。由另一我保留他的信中推測，之前嚴師或給過我寄過信或通過電話，才會在信中説，「今日收到李則綱先生傳略，急看一過，對於先生的行誼有進一步了解。晚年雖受打擊，但仍能活到八十餘歲，已可釋懷！」的話。

孫國棟

1922－2013

筆名孫慕稼，廣東番禺人。在新亞研究所師事錢穆先生。歷任香港中文大學歷史系主任，新亞書院文學院院長。專長於研究唐宋史，尤以唐宋社會門第變遷、唐宋政制與官制的研究最為史學界推崇。主要著述有《唐宋史論叢》、《慕稼軒文存》三集等。

驀然回首，那人卻在燈火闌珊處：敬懷慕稼師

慶幸此生，終身感恩的，是能在不同受教育的階段，都遇上過良師和恩師。在新亞書院學習時期，慕稼師無疑是一位讓我終身敬懷的良師和恩師。

在新亞入學面試的時候，由於我不夠世故，在言詞上或許引起中文系面試教授潘重規先生的誤會，改而要推薦我面試歷史系。離座時，潘先生雖然説出如歷史系不收錄，他會再收錄我。話雖這樣説，在學位競爭如此劇烈下，當時的心情是夠徬徨和焦慮的。幸得孫師的識拔，收錄了我，得以終身研讀鍾愛的歷史科。入學試中西史兩科考了一科 A 一科 B，有一定基礎。加上孫師面見時，主要詢問讀過什麼書？中學五、六年級是我沉迷於課外書閱讀的時候，尤其是文史類，回答應不成問題。但面試中途不知為什麼孫師曾一度離座。日後我才由中學老師胡穎超教授處獲知，原來孫師面試我的時候，曾電詢過他，向他了解過我在中學的學習情況。穎超師是新亞研究所早期畢業生，孫師與他熟悉。可見孫師

對新生取錄的慎重。得孫師取錄，真是我文化學術生命的一大轉折。日後曾反思，文學確非我所長，歷史才是我所鍾愛。與歷史研究結緣一生，不能不感恩孫師！

我從不諱言，入讀新亞，是我人生思想的一大轉折。入學之初，影響最大的是慕稼師。學術尚是其次，最重要是他灌輸了我的理想主義和人文精神。

大學一年班我們的必修科是孫師的「中國通史」。在一年的講課中，孫師給我們不僅是系統的中國幾千年的歷史知識，更重要的是開示了我們對五千年悠久的歷史文化和九百六十萬平方公里神州的關懷。入學不久，孫師就分送我們他的一本歷史文化散著的結集，這本充滿了文化精神和人文關懷的著作，提升了我們對歷史文化理解的境界。

一年級的時候，在課堂外，孫師或主動，或應我們的請求，在學校、在校外，甚至晚上到他府上，師生聚談聊天。談的主題都是圍繞歷史、文化、國事、社會和時事。入學之初，無論在課堂上或課堂外聊天，孫師一再強調的，由唸中學到唸大學最大的不同，不是追求學識的增加，而是要在觀念和方法上的轉變。我們剛步入大學，孫師就及早啟發我們如何讀好大學，用心良苦。時日久遠，孫師具體跟我們談過什麼，大多不省記了，但我們卻肯定，大學期間師生能如此融洽相處，能如此暢談理想和人生的，老師中確無過於孫師的了。

不管人生道路怎樣遷變，不管疏密遠近，四十多年來，我與國棟師和師母，一直保持聯繫，也一直承他們的不棄，以學生視之，並由衷的關愛。我一生的道路，我一生的為學做人，都蒙受過孫師的照拂、教誨和影響。

畢業後，不因時光的流逝和世情的遷變，一生的關心和親切的師生感情，是當今社會世情難得的緣份與福份。

自入學後，是國棟師灌輸了我的理想主義和人文精神，啟牖了我對中國歷史文化一生的獻身和不捨的追求。大學二年級的時候，新亞創辦人、一代學問宗師錢賓四先生回港，孫師應我的要求，帶我們同班幾位同學到酒店拜訪賓四先生，親聞他對歷史學習的一些訓誨，一生裨益。能刻意為我們作這樣的安排，反映了國棟師培養學生的用心和費心。

在六七十年代，中國文化的意義和價值，正遭受來自四方八面的挑戰的時潮中，是他講授的「中國通史」，讓我能立定腳跟，多方探索、用心考究，而不至日後陷於偏執浮滑。他教授的「中國歷代政治思想史」，學問而外，大大增益了我的思辨與論辯能力。

當時，香港社會經濟尚未發達，民生不易，世局動蕩。由於歷史因緣，香港的學術文化，承五四以來的流緒，不同意識形態、不同流派、不同學風的文化思想，相互激盪，競放異彩。然而，時代文化思想的主調，仍都圍繞着傳統文化和現代化的課題上。而中國傳統文化和價值，一直受到來自僵化的唯物史觀、西化派以至土產洋派的思想觀念的挾擊，左右應付，不勝窮迫之至。我中學以來的課外閱讀，處身於這種思想文化的氣氛中，自然對傳統思想文化染上盲目批判的色彩。

初進新亞書院，讀了國棟師的文集《強烈的生命》，修讀了他的「中國通史」，再在課堂內外國棟師引導下關於思想文化的討論，確讓我沉潛下來，能更從多角度、更理性的觀點，去研習和思考中國傳統文化這課題。

上大學二年級，我們選修了孫師開設的「中國歷代政治思想史」，正如同班同學屈啟秋兄在一篇回憶孫師的文章所說，這門課每堂先由孫師導講，然後主持，讓大家隨意討論發言。為上此門功課，為了發言論辯，讓我讀了大量有關中國政治和學術思想的著作。錢賓四先生的《中國思想史》、《中國近三百年學術史》等著作不用說，也讀了不少章太炎、劉師培、王國維和梁啟超等名家名著。當然，近現代學者，包括了侯外廬、呂振羽、楊尚奎和任繼愈等被認為是唯物史觀代表學者的有關著作，基本翻閱過。國棟師在討論堂上，擔當引導討論的角色。同學間各憑所讀所學，自由發揮，各申己說，無所拘限。該課程，啟牖了我深入、系統研

萬雄老弟如晤：收到彩玉女士寄來唐宋
史論叢兩冊，此書由新的書店出版後
印書好精緻，更吸引中外。我想重印也
多年了，今得讀此版，全賴你的助力，十分多
謝。我總覺得，中國的事務最好從歷
史文化中認取。去年七月返港，得與老弟
及少棠、偉業、啟彥、國榮、金強等諸弟
歡敘，知諸弟都站在中國歷史文化的前
線工作，感到十分欣慰。最近報說香
港教育司有取銷中國歷史科的建議，
此表示負責教育者之無識，歷史教材
可以改進，而中國歷史科必不應廢除，
蓋天下未有國人不識其國家民族之歷史而
能久存的國族中。
彩玉女士處事十分周到，工作效率甚
高，至可感佩。順及。並祝
儷安，向
美蓮好。

孫國棟手啟
二〇〇〇年四月十四

孫國棟先生手札一

讀和考索中國傳統思想文化之始，也培養了崇尚兼收並蓄、獨立自由的學術精神。

一般印象，新亞學風偏向傳統和儒家思想，這是事實。但新亞學風卻不保守，甚至相當開明和開放，最少我所見的歷史系是如此。國棟師講授這門課的態度，就是其中的例證。毫無疑問，在新亞的第一、二年，包括國棟師的誘導，在泛讀無所歸心的研習中，讓我能在傳統文化和民族精神上立穩腳跟。不管日後為學和做事，甚至做人，如何浮游於中外，增益於廣聞博識，在傳統文化和民族精神上之能立穩腳跟，才不會隨風擺動，飄浮無根，而能自有主宰。

幾十年來的現實體驗，當代中國人，不管社會大眾和知識界，思想心靈大都虛空浮盪，飄泊無鄉。這正是百年來，雖然背後或出於善意和無奈，但對民族和文化自虐自殘的結果。這真是世界各民族各種文化所罕有的。國棟師晚年，對著作《醜陋的中國人》柏楊一輩過分貶抑中國文化，如此深痛惡絕，口誅筆伐，自有其遠慮與明識。既出於學術思想的玄思，也不無出於現實的觀照。

韓愈說：「師者所以傳道、授業、解惑者」，大家都很熟悉這句話。為人師而能做到韓愈所說的，做學生的能遇上韓愈所說的，真難，少見。孫師一生為師做到了；幸運的，我們遇上了。經師難遇，人師更難求。孫師就是我心目中難求、難遇的人師。我草擬敬懷慕稼師的完整題目是「驀然回首，那人卻在燈火闌珊處:敬懷慕稼師」，有兩層意思。一，孫師字自己為慕稼，是以辛稼軒為楷模，選辛棄疾的〈青玉案〉名句為紀念題目，相信孫師會喜歡。另外，世間稱為老師的多，而能稱得上「人師」得少，稱得上「人師」的，自然會是「在燈火闌珊處」的了，則是一種感慨！

強烈的生命

這一、二年每到新亞書院探望國棟師，總是「悲欣交集」。「悲」是，每次看望他，見一次比一次衰弱，有說不出的難過和不忍。「欣」是，直到他辭世前，仍奮力貫徹他「強烈的生命」的信念。

初進新亞不久，在一次師生聚會中，國棟師分贈他所著《強烈的生命》給我們。文集在敦導青年人要熱愛生命，熱愛生活，追求理想。新亞老師中，與我們談人生、談理想，他是最熱心的。

畢業後，只要見着他，都會感受到他生命的活力。

他退休後到了美國，有二、三次到三藩市晉謁。最大的感受，跟我在大學、在讀《強烈的生命》感受到的印象，不因時光而流逝。

晚年回港定居，即使在風燭殘年的最後，仍然是生命的鬥士，奮力做好每一件事、一個動作，甚至說好一個話。

原載孫國棟教授追思會籌備委員會編：
《春風化雨——懷念孫國棟教授》，香港，2013。

附：《讀人與讀世》序言

孫國棟

萬雄又將出新書《讀人與讀世》，邀我寫一篇序。我只看了書名和目錄便答應了，因為從書名和目錄，已表現出萬雄很了解「人」與「世」的關係。錢賓四師（錢穆先生）說：「不知『人』不足以論『世』，不知『世』亦不足以論『人』。」歷史人物必有特殊的心態，此心態又必受當時社會的影響。如歐陽修《新五代史》是悲北宋初年，承五代殘破之後與五代道德之澆薄。尤其馮道自以長樂老之無恥。歐公欲修史以匡正之，所以《新五代史》中之史論，每篇必以「嗚呼」兩字開頭。「嗚呼」兩字實足以表現歐陽修的心態，與五代社會殘破的實況。又如司馬光因悲當時政治之疲弊，乃費二十餘年的精力，修成《資治通鑒》，他述《通鑒》的取材標準是「凡國家之盛衰，生民之憂戚，其善可為法，惡可為戒者，多採錄之。此外多刪除」。司馬光的心態為如何？萬雄是學歷史學的，他對「人」與「世」的關係之認識必深。所以我只看了書名及目錄便答應寫序。以前有人邀我寫序，或只知「人」而不知「世」，或只論「世」而遺「人」，我以事忙而拒絕。記得十幾年前，新亞書院開國際學術研討會，紀念錢師逝世十周年，我與妻子返港參加。時郭少棠任中文大學文學院院長，歡宴我們，並請陳萬雄和李明逵作陪。宴後妻子問我：「他們三人都是歷史系的你學生，你覺得誰的貢獻大些？」我説：「三人都很好，都能努力自強。時萬雄任香港商務印書館總經理，明逵為警務處副處長。但從文化的觀點看，好像萬雄對中國文化的觀念較深，對中國文化的貢獻較大。」記得萬雄初入新亞書院時，錢師去新加坡大學講學經香港，住在旅店。萬雄要我帶他與同班一些同學往見錢師。錢師和他們談了很久，大概是些勉勵的話，我已記不清楚了，相信這對萬雄等對治史有很好的影響。後來我知道香港商務持續出版了幾套有關中國文化的大型圖書，有人批評萬雄，認為這些巨型圖書會虧本，因為印製費很昂貴，人家看準他們辛苦搜集得來的資料和編選創意，改出大眾性的小開本圖書，卻暢銷。香港商務出版這等大型圖書，不但要付出高昂的編輯印製成本，還要花費貨倉儲存。我的觀點不同。我認為這些開拓有關中國文化圖書的出版，決不可無。目前香港出版社能出這類巨型圖書的，只有商務，所以不必計較盈虧。這亦表現萬雄對中國文化的責任感。現在三人都有不同的發展，少棠由中文大學文學院進為中國珠海國際大學的副校長，萬雄由商務印書館總經理，進為全港圖書出版界最大集團的總裁，明達由警務處副處長升為處長，又由處長退休，他們將來的貢獻孰大孰小，現在還未可知。

萬雄的書，最動人的是，他開始先述沈從文先生的「從人性的光輝」，然後方述各位學者的生活，與孔子、孟子的注重「個人」的人性的光輝相同。中國文化從上古堯舜夏商都比較注重群體，到了周代，個人從群體中脫穎而出。春秋晚年，孔子提出仁學，人人都有不忍人之心。由此心發展而為各種道德人格。所以《論語》一書，全是孔子對學生與諸侯的個人教訓，全無對群體的箴言。可見孔子視個體重於群體。再到戰國，孟子繼承孔子「仁學」，發展為「心」與「性」，他說，性有四端，「惻忍之心」，「仁」之端也。又認為仁心必有「良知」、「良能」，是不學而能的，是天所賦與。良知之在人身者稱為「良貴」，「良貴」就是中國的天賦人權。所以中國的「天賦人權」比法國盧梭的「天賦人權」約早二千年。人性既是善的，於是人人自有無限的信心，無限的自強，可有無限的「理想」與「作為」。善又是無可計量的，既然人人俱有善心，於是人人應有平等與自由。這些都是人性的光輝。

萬雄老弟出刊新書，要我寫序，我老勃不羈，信口開

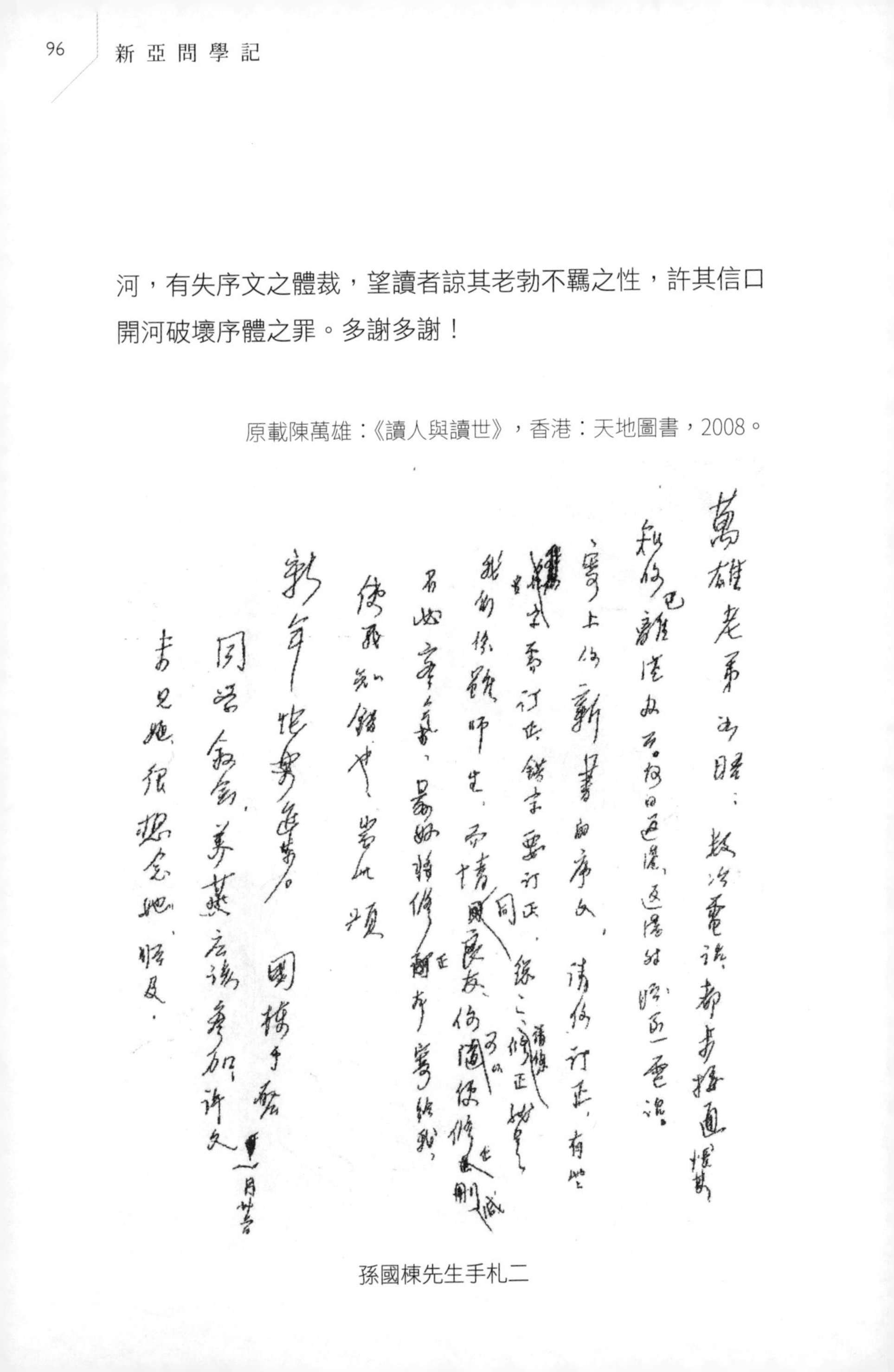

河，有失序文之體裁，望讀者諒其老勃不羈之性，許其信口開河破壞序體之罪。多謝多謝！

原載陳萬雄：《讀人與讀世》，香港：天地圖書，2008。

孫國棟先生手札二

蘇慶彬

1932－2016

生於故鄉廣東省惠陽縣，1956 年畢業於新亞書院文史系，旋即入讀新亞研究所，畢業後任助理研究員、副研究員、研究員，其後又於 1967 年獲香港中文大學碩士學位，同時出任中文大學新亞書院歷史系教職，直至 1993 年榮休。其間主要講授「中國通史」、「秦漢史」、「魏晉南北朝史」、「中國歷史要論」及「中國文化史」諸科。著作包括《兩漢迄五代入中國之蕃人氏族研究——兩漢至五代蕃姓錄》、《清史稿全史人名索引》、《飛鴻踏雪泥——從香港淪陷到新亞書院的歲月》等。

如是我感
——蘇慶彬《七十雜憶》跋

我畢業於新亞書院歷史系，蘇慶彬先生是我老師。出版社或許知道這層淵源，送來蘇先生自傳式新作的樣稿，讓我拜閱並寫一序云爾。蘇先生是我老師，寫序則不敢當，只略申讀後如是所感，以為跋。

新亞書院於我，是文化生命的搖籃，母校情懷濃郁深厚，蘇先生又是老師，他寫新亞書院舊事，當然要先睹為快了。新亞書院的創辦，自有當時政治社會變動的外緣因素，已成歷史。但新亞書院之立足香港，獨樹一幟，傳播中華文化，融合中外思想，弘揚人文精神，承先啟後，流風不絕，其影響之深遠，在中國文化史上的地位，確大有可述可傳的。蘇先生是書院最早期學生，又任教其間幾十年，他所述的每一故事，所發的每一感言，從多方面去認識理解新亞書院，自有不可多得的價值。

上世紀六七十年代之間就讀新亞書院，除創辦人錢賓四先生已辭職赴台、張丕介先生已離世外，人文學科一批著名學者仍是教研主力，歷史系系主任孫國棟師和蘇慶彬師算是較年輕的了。蘇師於我有兩重師生關係，一在嶺南中學，一在新亞書院。在新亞，蘇師主授古代史，我自大二開始，肆意研修中國近代史，所以修讀蘇師課不多，親炙閒聊卻不少。在學期間，多承關注關愛；蘇師溫文敦厚，樸實不華，認真負責，呵護學生，是我所敬重的師長。

近雖雜務事多，但幾天的工餘假期，一有空就捧讀蘇師回憶錄樣稿，讀之興趣盎然，不忍息卷。蘇師回憶錄內容，由其擬目可概其貌。時間雖跨越孩童以迄退休後，凡七十年，空間雖遍涉粵港澳外國，但主體故事仍在香港，以抗戰和新亞生活，着墨尤多，且多闕聞。此回憶錄，融紀事、述人、感慨一爐，各自成篇，類筆記也近紀傳體，眉目清晰可讀。雖無嚴謹結構和體系，但卻捨棄虛張聲勢的架構，汰盡浮辭。回憶錄整體印象，文如蘇師其人，樸實無華，事雖小而彰時代，情雖纖細而現精神，廣視野地回顧歷史，論事懷人，心胸開闊，平心靜氣，是史家筆墨。

原載蘇慶彬：《七十雜憶——從香港淪陷到新亞書院的歲月》，
香港：中華書局，2011。

誠實做人，樸實為學
——我所認識的蘇慶彬師

承蘇師母淑珍女士賜告，慶彬老師生前已增訂了《七十雜憶（修定版）》，並叮囑要我寫一篇序。蘇老師此書的初版，已遵吩咐，寫了一篇跋，以誌我通讀此書的感言，作為讀書報告。今老師已歸道山，且遺命再為此書撰序，師命既不可違，但不無惶恐，怕稱述不當。

從 1969 年入讀新亞書院歷史系，到 2016 年蘇老師自美回港的最後見面，認識和親炙慶彬老師已逾四十五年。其間，師生關係的往來，算不上特別密切，卻能持續不斷；師生情誼，亦老而彌堅。

「誠實做人，樸實為學」，是我就學期間對慶彬師的最初印象，也是對他一生的最終評價。當然，最初的印象與最終的評價，雖然一樣，卻有一個深度認識的過程。作為一個學者，「誠實做人，樸實為學」這樣的評價，看似平凡無奇，隨着學殖增長，閱世觀人既久，更事既多，我才認識到「誠實做人，樸實為學」是學者不容易達到的境界。

在學期間，由於興趣在中國近代史，我只修讀過他的「秦漢史」。上這門功課，慶彬師給我印象是：備課充足，講解起勁，沒有什麼的賣弄與誇誇其談。一言以蔽之：充實。我認真返讀慶彬老師的著作，倒是近十多年的事。因從事編輯出版，幾十年來，有機會接觸了大量的考古文物和博物館藏品，再加上遍遊塞外江南，對中國文明史有了新的體會和領悟。中國文明史也成了我近二十年新的研讀興趣。慶彬師的研究和著述範圍主要在兩漢魏晉南北朝，重心在民族和文化問題，所以重新捧讀學習。中國中古時期的民族與文化的攘融，是二十世紀前半段史學界熱門的研究課題。他早在 1967 年出版的《兩漢迄五代入中國之蕃人氏族研究——兩漢至五代蕃姓錄》一書，乃師承勵耘（陳垣）與注史齋（牟潤孫）的學統，發數千年中華民族遞嬗凝融的宏旨之作。慶彬老師之為學，正如潤孫師在該書序言所說「勤奮孜孜，十餘年如一日」，鈎沉疏理，尋撦條析，遂撰成如此扎實的著作，足以傳世。近三十年來，由於考古的重大發現，得以重估再塑，中國的文明史，可上溯至六千年前，脱軼神話和傳説之所囿，發展真像，草蛇灰線，面貌為之一新。其中，中華民族與文化的形成和發展，上世紀八十年代以後，再次成為史學界的熱門課題。蘇師此書雖云已出版了五十年，在這個課題上，文獻整理之功與所得之結論，其價值歷久猶新。

第……頁

友，錢師在新亞或因與唐、吳二師於論事上有爭論之事，藉此一吐此一憾事之不快而已！並非緣於反對中大改制，亦非他人不跟隨所致。就余所知，錢師之參加中大為一成員書院，與其抱有肯定之學位，全為學生之出路着想。此說不僅於錢師之著述中明言，此意余亦曾親自聽張葆恒、張丕介二師所說。其後中大改制，轉移書院之地位，及對大學教育意旨與其相違背而已！余以為此一信件，絕不能作為錢師之堅決辭職之另一說法。

請兄文稿索引出版一事，煩勞施援其友，數其蒞他日有任何消息，盼予以電郵：hingbui@gmail.com 及電話：862-262-6651 聯絡為盼。匆匆草此，順候

近祺

蘇慶彬
二〇二二年十一月十九日

25×10=250

萬雄老弟：

余於十一月八日已安抵新澤西州，一切順適，勿念。此次返港，蒙盛情款待，謝甚。居港期間，又得與數十年未能相見之同學相敘，歡談舊事，亦一樂也。尤以年逾九十高齡之牟師母相見，知其尚健在，更為欣喜！

上次茶敘時，談及錢師曾有一短信與[illegible]程兆熊師。余在台灣亦檢閱尉天驄撰寫程兆熊一文。該信係原件影印，亦有對該信並無作任何批評與猜測。以余之推斷，由於錢穆師與唐君毅師及吳士選師實屬

25×10=250

蘇慶彬先生手札

這樣的著作，正稱得上是「樸實為學」的最佳説明。

慶彬師的「樸實為學」的學風，貫穿他的一生研究和著作。試再舉一例以見之。

慶彬老師承其師賓四先生之囑願，積五十餘年的時日，鍥而不捨，完成編撰《清史稿全史人名索引》，並且終得以出版。慶彬師為之所付出的決心和毅力，固不容易；而編撰該書涉及要研判的問題之多之複雜，也斷非一般人所能意想，非厚積學養，難以為功。這書的出版，無疑也是嘉惠學林、足以傳世的「樸實為學」之作。著述生命，彷若大浪淘沙，學者一生，能留下可傳於後世的著作，並不容易。「樸實為學」，而能出成績的，自有光輝，何況成為傳世之作。新亞歷史研究的學風，考實與持論相攜，而持論卻以考實為基礎。承傳學風中人，難免因天生稟賦與後天興趣，或偏擅議論，或偏長考實。慶彬老師自屬偏長考實的學者。

新亞學風，重視做人與為學並舉。我個人的感覺，無論在學生時代或是後來，與慶彬老師相接，最不拘束，最自然自在。而觀察和了解所得，他做事做人、待人接物，一派誠實，而且一生以貫之。慶彬師做人的真誠實意，相信他的師友、同事、學生，都會有同樣的感受。最能反映他一生「誠實做人」的，讀他這本自傳《七十雜憶》，不難體會得到。在該書初版的跋中，我曾説：「回憶錄整體印象，文如蘇師其人，樸實無華，事雖小而彰時代，情雖纖細而現精神，廣視野地回顧歷史，論事懷人，心胸開闊，平心靜氣，真史家筆墨。」如今再讀增訂本，不覺誇張。慶彬老師的「誠實做人」，出於天性外，相信他之深受儒家思想之影響有以致之。他的「誠實做人」，是儒家思想「仁於人」、「忠於事」的待人行事的實踐。新亞風範，強調做人與為學並舉。慶彬老師可謂得之矣！

原載蘇慶彬：《飛鴻踏雪泥——從香港淪陷到新亞書院的歲月》，
香港：中華書局，2018。

由《清史稿全史人名索引》以見新亞學風之一端

蘇慶彬師積五十餘年時日，鍥而不捨編撰的《清史稿全史人名索引》，終於完成，並付梓出版。蘇師一再囑我寫一篇序，實在惶恐。師命所在，不敢有違，只好輕率操觚。

對《清史稿全史人名索引》編撰的緣起、意旨和價值，蘇師在其序言中，言簡意賅，備說周致；使用凡例，亦簡明而科學，少所臆意可以補充的。至於對清代史和清代學術史，本人雖曾受牟潤孫師的感染，有所涉獵，興味也不少，卻乏真正的研究，於此也不敢置一言。反而欲借蘇師此書的出版，以親身體會，去說說新亞歷史學習和研究學風的一鱗半爪，俾見蘇師不知老之將至，堅持數十年，完成《清史稿全史人名索引》由來。

大學第一學年結束的暑假前，在一次聚會中，系主任孫國棟師勸導我們在座的幾位同學，趁暑期，應認真讀讀四史，尤其要先讀《史記》。並告誡我們不要只讀紀傳，要耐心讀志表。該暑假，紀傳算細心讀了，留下了印象，我也自此養成讀原著的興趣。志表不太懂得如何讀，雖是翻閱過，認識卻模糊得很。事後想來，志表如不下死功夫，找出一條線索，只水過瓦背的翻閱，得益不大。第二年暑假，我們幾位同學，選擇了南通張謇的《張季子九錄》去做索引。這時，我們雖然都有學術研究的興趣，卻不敢奢言寫文章，而選擇了做索引這種一板一眼的死功夫。我們如此選擇，相信是受新亞學風重視基本訓練的影響。其時老師中，我清楚記得牟潤孫師、嚴耕望師等都曾勸誡過我們，不可隨便撰文發表，並說會日後悔其少作的。看來以編撰索引以作學術研究的入門，是新亞學風其中的一種門徑，既可作研究的基礎訓練，事成，亦可做出有益於學術界的一種工具書。蘇師和胡詠超師之受錢賓四先生囑咐編撰《清史稿》人名索引，而在他們之前，「當時所中諸師兄，先行著錄《清史稿》之職官、爵位等項工作」（見蘇序）。可見，這是新亞一脈相承的學風。如果我們翻查一下早期新亞研究所的出版物，日後成名的新亞學者，不少早年都曾出版過索引、年表等一類著作可以為證。蘇師早期出版的著作《兩漢迄五代入居中國之蕃人氏族研究——兩漢至五代蕃姓錄》（香港：新亞研究所出版，1967 年），亦是憑藉尋撦疏解資料，歸類編綴製表而彰顯題旨的扎實著作。至於我們出於誰人的建言？又何以會選擇編撰《張季子九錄》的索引？則淡忘了。

我們幾個同學，整整一個暑假埋首《張季子九錄》索引的工作中。不僅邊閱邊摘錄在咭片上，為保妥當，也互相校對過。動過手才曉得，做索引真不如我們最初想像的簡單，小心謹慎，不能遺漏，固然重要。更難的是人名中有字號、室齋、籍貫、簡稱等種種名號，置換使用，容易走漏和失覺。何況一些模糊的句讀，要仔細斟酌。以上種種要求，無不要查證各種資料，既繁瑣、細緻而要耐心，這都是學術研究不可或缺的訓練。記得該暑假，我們已重複做了二、三次，仍然不大放心，決意下一年暑假再做一次，然後再安排發表。結果三年級後，各人自有學習研究重心，未能貫徹始終，材料一擱至今。這裏描述此段體驗，旨在說明，索引之類編撰工作，雖屬可培養學術研究的基本功，然決不易為。蘇師編撰的《清史稿全史人名索引》，比之我們做的《張季子九錄》，其卷帙之浩繁、人名檢索之複雜、句讀之困難，不可同日而語。蘇師獨自完成，他的決心和毅力，其間工作量之大，要查索研判問題之多，可以想像。況且厚積五十年學養，發為此索引，功力自在。

蘇師師承錢賓四先生和牟潤孫先生，兩人學術風格雖不一樣，但都擅於議論。同時，他們亦極重視為學的嚴謹和基本功嚴格的訓練。加上嚴耕望、全漢昇、王德昭以及較年青的孫國棟和蘇慶彬諸師，同樣重視基礎訓練的流風所及，遂造就了新亞一代學風。

學殖荒殆，無以應慶彬師之囑望。所説種種，尚祈高明者指導！

原載蘇慶彬：《清史稿全史人名索引》，香港：中華書局，2015。

胡詠超

1933－2005

香港新亞書院早期學生，受業於錢穆、牟潤孫、唐君毅諸大儒，1958 年新亞研究所碩士畢業。後曾任教於中學，並繼錢穆先生出任新亞夜校校長。六十年代末開始在嶺南學院任教，直至退休。著作包括《文史論學集》、《出入文史天地間——胡詠超老師講義選輯》。

寸心千里目：感懷詠超師

詠超師在嶺南的一眾高徒，蒐集他的遺稿，經多年的整理，終都成學術文集出版。俾能傳之久遠，發潛德之幽光。師生高誼，傳承師學之用心，真有古人之風，聞之動容。今囑我撰序，忝為弟子，師恩難忘，不揣淺陋，藉此機會，以申對詠超師感懷之情。

詠超師是我一生最懷念、最感恩的老師之一。

詠超師是我在嶺南中學唸預科時的國文老師，雖只親炙一年，卻是誘導我日後從事文化學術的啟蒙者。

我從少好閱讀，尤以文史為然，卻不大在意學校的功課。上了高中，愈益沉醉於文化思想的圖書和雜誌的閱讀。可是，既無系統，亦無人指導討論，任意隨緣，讀得博雜散亂，更不知道自己閱力的高低，思考能力的深淺，心靈上時有「獨學而無友」的寂寞。預科初上詠超師的國文課，真「嘆為天人」。每上一課，圍繞課文的內容，他不用帶筆記，旁徵博引，一手瀟灑的粉筆字，默寫在黑板上。然後指劃口講，滔滔不絕。堂上，只要他面露淺笑，準會是針對課文的內容，就當前潮流現實，指點江山，說上幾句褒貶的話。既讓我們發噱，也加深了我們對課文本旨的認識。上這樣的課，太讓我入迷了；而詠超師的學問，也太讓我傾倒。從此，我明白了什麼是功課？什麼是知識？什麼叫學問？知道自己碰上了一位有學問、有思想、儒雅溫文而不古板的國文老師。

課堂外，一有機會，我就找他聊天。與他聊天，沒有什麼壓力。沒多久，師生關係就很熟絡了。放學後，他不時邀我陪他一同步行，由司徒拔道學校走到灣仔市區。路上，我們談的總是閱讀和學問，少及其他。他喜歡問我最近讀了些什麼書？自己有什麼意見？待我說完了，他不急不緩的語調，像聊天的樣子，說出他的一些看法，很受用。記憶所及，我們談曹雪芹和《紅樓夢》、談蘇曼殊和徐志摩、談錢穆先生和新亞、談司馬相如和漢賦、談金庸先生和他的武俠小說，甚至談到毛澤東的詩詞和書法。只是不談學校的人事和功課，閱歷深了才明白，這種分寸，是一種學養。這樣的聊天，太增益我的學問和思考了。「聽君一席話，勝讀十年書」這句老話，我當時特別有感受。詠超師是通過我的閱讀，誘發我對學問的理解和思考能力的提升。這一年，使我博雜不純、無所歸心的閱讀，大為改觀，並且得窺學問這回事。

預科畢業，考入中文大學，在學院的選擇中，諮詢了詠超師，而入讀新亞書院。這又是詠超師影響我一生、在文化學術生命的指引。

唸大學到唸完博士學位的這段期間，與詠超師來往不多，這是我日後最感到後悔的。回港工作後，曾在嶺南專上學院擔任過二年兼職講師，相信是詠超師的推薦。後因工作太忙而罷，但是自此保持與詠超師的聯繫，以至於他歸道山。這二年，對我最大的得益，重新親炙了詠超師，再續師生緣。睽違十有餘年，個人學問的寸進與閱歷的磨練，再接近詠超師，對他的道德文章，比在預科時代的認識，不可同日而語，深刻得多了，更仰佩了！

與他談學問，拜讀他的論文，內容範圍遍及文史哲，上下貫穿二千年，題目由議論到考證，學問之淵博，在他同代學人中，是罕見的。他的文字功深力厚，文章有時雖不易唸，行文卻不刻板，才情無礙，一如他的一篇文章的題目「落水流花皆文章」。對他學問的淵博，曾當他面表示佩服。記得他只是嚅嚅而帶着靦覥的回答我，説賓四先生回港時，面詢過他説：「幾十年過去，我還未完全弄清你做學問，專注在哪個方面？」説完這一句，他就不往下説了。一方面，我固然不方便追問，另一方面，我出身於新亞，認識並深受新亞老一輩人文學風的影響。私自忖測，對賓四先生的所問，詠超師的所述，在學術上的涵意，似有所理解。日後通過拜讀詠超師出版的《文史論文集》(台北文史哲出版社)，與今次搜集所得的遺文，我相信這種理解是不會有錯的。這關乎對詠超師的為學態度和為人風格的認識。

詠超師在新亞研究所，師事錢穆先生和牟潤孫先生。錢先生學問的博通不用說了，潤孫先生也以學問淵博見稱，不以皓首窮一經為能事，跟現代學術風氣以專業為風尚，大相徑庭。詠超師就是遵承他們所教。牟師就不時諄諄教訓我們，做學問要淵博匯通為好。又指教我們，撰寫文章不要先預設題目，然後圍繞題目，找書尋材料，湊合成論文。主張真正做學問的，要通讀全書，不可取巧；寫文章是因讀書有疑，然後四方反覆求真求證，有需要才寫成文章。遍看詠超師的文章，不難見到，他重視博通，文章全是他讀書有疑、有感而作。他的一生做學問，走的全是淵博匯通、讀書有疑才動手撰文章的態度。這種態度，與深受西方專題研究的當前學術風氣，扞格不入。賓四先生對詠超師所詢，是出於老師對學生的學術生命和工作前途的關愛。詠超師回答我之所詢，嚅嚅而不願明言。其實，他自己心裏完全明白，他做學問的態度，是不合現實時宜的，會吃虧的。他卻擇善而固執之，不屈就世俗。何況，他是一典型的「君子可欺以其方」

的讀書人，不搶不爭，難免一生不得志。古語云：「古之學者為己，今之學者為人」，不就是最好的詮釋嗎？

不管教學與撰寫文章，詠超師孜孜在念的，是維護中國優秀傳統文化的道統與精神；拳拳之心，在撥亂返正，發聾振聵，以期扭轉近代以來對中國學術文化的誤解和破壞。就我作為一個研究近代文化思想的學人，研究日深，體會漸切，愈益認識到，近代以還，學術思想界對傳統文化矯枉過正帶來的隱患，是巨大的；中國社會對民族文化持唾棄和虛無態度的禍害，是可怕的。期以一人之力，嘶聲高呼，力挽狂瀾，何其艱難？何其孤獨？但我們不能不佩服他「寸心千里目」的眼光，與「明其道不計其功」的心志。

在我眼中，「師者，所以傳道、授業、解惑者」，詠超師庶幾近矣哉！

原載胡詠超：《出入文史天地間——胡詠超老師講義選輯》，香港：中華書局，2019。

下篇

新亞生活與新亞精神

土瓜灣農圃道新亞書院，正面建築是課室和女生宿舍，
側面樓是圖書館，左面街道是天光道。

在學校運動會獲得團體冠軍時留影。

在學期間，歷史系一直是運動強系，運動會後留影。

同班同學在校園圓亭草地上留影，左起：何漢威、作者、吳淑美、屈啟秋、廖月玲、周佳榮、戚禮華。

歷史系同班同學與部分老師在新亞校園留影。後排左起第五人是全漢昇先生，第七人是牟潤孫先生，第八人是嚴耕望先生，第九人是孫國棟先生，第十人是羅夢冊先生，第十一人是蘇興彬先生。

二年級在校園留影，左起：何漢威、張成、周佳榮、屈啟秋、戚禮華、作者、梁鋼章。

變的是時代，不變的是精神
——三十年的體驗

（新亞書院五十六周年院慶暨獎學金頒獎典禮講話）

首先，讓我衷心祝福在座各位同學，前途光明，日後在社會上多所建樹！

被邀請出席院慶典禮並擔任嘉賓，作為新亞校友的我，感到無上的榮寵。承蒙黃乃正院長的吩咐，要我向同學講幾句話。由於職業的關係，對我，演講是時有的事，但從沒有像這次那樣有點惶恐。因為身處的，是培育自己成才的母校；面向的，是薪火相傳的新一代，責任感油然而生。即使沒有什麼真知灼見，至少講的話要對新一代有點提示。

在這裏，我想借典禮的機會，公開表達離開母校三十年來，內心一直對母校的深深感念之情。我很幸運，在不同的地方，從小學、中學、大學到研究院的不同學習階段，我都得到過學校和良師很好的栽培。大半生已過，可以斷然地說，對我為學和做人，對我一生的作為，影響最深遠的，毫無疑問，是新亞的四年。我願意以我離開學校三十年的經歷的體驗，去印證母校對我培育的恩惠。這裏不可能一一細説，只列舉日後對我影響最大的三方面説説。

一、胸懷廣大的視野，悠久的歷史感。我雖然出生於中國大陸，卻成長於海隅一角屬彈丸之地的香港，視野所見，心目所注不出鯉魚門。如果不入新亞，日後可能會目光短淺。正是新亞的薰陶，如同校歌內的「十萬里上下四方，俯仰錦繡，五千載今來古往，一片光明」幾句話所昭示的，使我志向豁然開朗，得鯉躍龍門，視野變得開闊，目光變得深遠。這是我一生成長的最大關鍵，亦是我日後做人做事最重要的基礎。在我三十年工作和閱歷中，我始終相信，視野的廣狹和胸襟大小，是決定一個人成就大小的根本；而歷史文化意識是為人做事作抉擇時的最重要的指引。三十年來，我的工作一直在香港，我的生活一直在香港，是新亞的啟廸，及早讓我的野視放在九百六十萬平方公里的中國大地上，傾心所注的是上下五六千年的中國文明的發展，我的職業於茲，我的事業於茲。我在出版事業上和學術研究上，會有一點成就，是來自「廣大出胸襟，悠久見生成」的這方面新亞精神的潤育。對於農圃時代的新亞，我常對人描述説，「校園小，天地大」，就是基於這種體會和認識。

二、勇於承擔和奮發自雄的精神。新亞校歌中最為同學熟稔，甚至廣為香港文化界認識的，是「手空空，無一物，路遙遙，無止境」與「艱險我奮進，困乏我多情」兩句。這兩句話，自是 1949 年後浪跡至香港的新亞早期師生們的真實寫照。經過了早期新亞師生的實踐，已超越一時一地的境況，而提升為一種勇於承擔、奮發為雄的精神。在這種精神薰浸刺提的感召下，出了校門，三十年來，是我一直奉持的信念。大學剛畢業，遭逢世界不景氣，求職困難，我曾在環境極其惡劣的日校和夜校任教二年多，其間，盡心教書外我並視之為一種磨練和人生體驗，結果也確實如此。留學回港，我接受極其低薪的職位，而且幹過值班要燒開水、掃地和洗廁所等工作。八十年代初在中國內地跑動，極之艱苦，雖然我不能說甘之如飴，但確做到安之若素。多年後雖然升任為公司總經理，但在九七金融風暴下經營的風雨飄搖和艱險困乏，實不足為外人道。「艱險我奮進，困乏我多情」是我當時的精神支柱，並以之去激勵同事。年前開始擔任為集團的總裁，卻有着自出來工作以來前所未有的「千斤擔子兩肩挑」的壓力。三十年來，即使在任高職的今天，我一直感覺自己在「艱險困乏」中行進的，而且「路遙遙，無止境」。只要仍有理想，無論遭逢什麼環境，我沒有灰心過，放棄過，退縮過。這就是承擔。不僅不會灰心、放棄、退縮，而且保持積極、樂觀、關愛、平和與愉快的態度，這就是「多情」。是新亞培育了我敢於承擔和奮發為雄的精神。記得前年，我們七三屆畢業同學在母校聚會，唱校歌，我們一面再，再而三地唱。我相信不全在懷戀大學時代唱校歌的輕鬆日子，而是內心真的動情了。是大家在不同崗位，經過三十年人生的奮鬥，深深體會到新亞校歌內散發的精神，一直激勵着我們，我們表達了我們的感激。

我想再指出一點，以供大家思考。新亞創校的一個重要使命，是發揚中國文化為教育之最高宗旨，倡導人文精神的教育。所以在新亞就讀的學生，多少都有重視文化的因子，富有人文精神的色彩。在香港，新亞有很多在社會上有建樹的校友，他們都有一種特點：重視文化。如教育家和作家小思、專欄作家岑逸飛等等都是，連我們的警隊一哥李明逵是一個儒將，滙豐大班鄭海泉、新亞校董會副主席梁英偉、金融界而兼作家的張建雄和香樹輝都是儒商，都沾染着新亞文化因子。新亞教育重視文化，不是在側重在文史哲各系，而是作為全校的教育理想和使命。近日如果大家留意社會新聞，連香港一些頂級大亨如李嘉誠、郭炳聯、胡應湘都在研究和倡導閱讀歷史文化。香港一批理工科專業大專校長如理工大學校長潘宗光、副校長梁天培，港大副校長李焯芬，城大校長張信剛，同時是研究歷史文化的專家。對他們來說，歷史文化的研讀不是一種消閒興趣，是認識理解人類社會的需要。

最後，我沒有什麼可貢獻給大家，只有一個小建議。即使這三年來，你們在校內聽說新亞精神已感覺煩厭，我仍然建議你們買一本我們創校人錢賓四先生的《新亞遺鐸》一書放着，需要時唸唸看看。我為出席這次典禮，溫讀了錢先生很多篇文章，仍然獲益良多。我自己三十年的人生和工作的體驗，印證了錢先生的話的真切。這本書相信對你們日後的做人任事，對如何建立事業，確切實和有真知灼見。希望大家珍惜、珍重！

原載《新亞生活》第三十三卷二期，2005 年 10 月。

農圃學記

我們有幸，乃農圃道新亞最後一屆畢業生，自此新亞遷進沙田，另樹新猷。農圃道新亞四年的學習生活，體驗了錢賓四諸先生創辦書院制新亞的理想。

農圃道新亞校舍只有普通一所中學的大小，在不大的校舍中，圖書館卻建得有規模，有氣派，是整體建築的重點，彰顯書院的教育精神所在。建築設計上與圖書館相呼應的大講堂圓亭，相信到過新亞的人都會留下印象。圓亭和依傍其周圍的草地，從清早到深夜總坐躺着人，閒聊也罷，論辯也罷，飄溢着無所拘束、自由自在的氣氛，是容易令人靈光閃耀的場地，也是校內唯一可仰觀天宇，透察校外的天地。傍晚時份，穿着長衫的牟宗三先生，翩然而至，恍若六朝中人，更增添校園人文氣息。

餐廳的作用可大了，進餐以外，是開會、清談、橋牌耍樂等室內活動的重要場所。勉強夠標準的籃球場，一天到晚，不管是否在比賽，滿擠着人，與禮堂入口前的二張乒乓桌，是校內僅有可供我們「君子無所爭，必也射乎！」的地方。除外就是禮堂和教室。南北相對像隔着銀河的男女生宿舍，是校內另一種天地，住宿過的同學，相信都有自己講不完的故事。我個人過足四年宿舍生涯，連暑假期間亦續寓如儀，當時多少有淒清的感覺，如今反覺是難得的修煉。

農圃道新亞真的很小，比起現今的大學規模和設備，不可同日而語。或許就是這僅有的活動氛圍，全校師生大多認識熟絡，容易「趁青春，結隊向前行」。

雖然位於九龍土瓜灣市區，當時感覺學校卻不在煩囂，別成洞天。這是我當時真感受，至今留下的回憶印記，感覺依然。或許這就是陶淵明「心遠地自偏」的境界。從此我亦領悟到，大學或以上的教育環境，與社會應保持一種若即若離、既入且出的境界，這就能在塵網而不囿於塵網，保持理想的清新。

作為剛離開中學的我們，一入新亞，校歌就為我們曉示了全新的人生境界。濃厚的學術和文化氣氛，重視價值和理想的追求，催生了我們終身對文化價值的認同並願為之獻身。我們的老師，不在乎知識的灌輸，而在乎知識視野的開拓，觀念的提升，尊重客觀的研究精神，踏實而開闊的研究方法，建立自由自學的學風，這都讓我們脫胎換骨。讓學生脫胎換骨才是大學教育的使命。作為以承傳弘揚中國文化為建校目標的新亞，也讓長於彈丸之地香港的我們，跳出了鯉魚門，接續上了上下五千年、縱橫四方九百六十萬平方公里的大學問。

學問之外，我們終身懷念一些老師的氣派、氣魄、氣度，他們為我們樹立了身教的風範。

「學校小，氣象大」，這是四年新亞學習生活的最大體悟，也是書院制「新亞精神」所在的最終認識。

原載《校友繽紛錄：新亞金禧特刊》，
香港：香港中文大學新亞校友會，1999。

農圃四年素描

沿襲了傳統中國讀書人的習慣，我為自己起了一個書齋名，曰「農圃齋」。以「農圃」為齋名，首先表示我對農圃時代的新亞大學生活感念之情；其次是對出生長大於農村的不敢忘本。農圃四年的學習生活，是我人生的轉捩點，也是一生中一段愉快豐盛的日子。

我從 1969 年入學，1973 年畢業的，是農圃道時代新亞書院的最後一屆畢業生。整整四年，我寄寓學院的宿舍，學習於茲，生活於茲。新亞校舍座落在九龍的土瓜灣，其大環境以馬頭圍道為分界線，東面及南面屬居民區，市民生活與市容是香港舊社區的典型，也是我們在學校以外的生活區，購物、飲食、娛樂，都在這裏，離學校不遠，走路不用十分鐘，極之方便。其時的新亞同學，大都是一般家庭出身，這種平民社區，很合我們的口味。北面的環境就不一樣，新亞而外，有協恩中學，西面有鄧鏡波中學，有東莞同鄉會小學，再遠點是佐治五世國際學校，儼然是一個學校區，環繞的都是校園和運動場，加上西向的主幹道天光道是兩旁滿植大樹的林蔭大道，通向九龍中上住宅區的太子道，整體環境，疏朗幽靜，遠離市區煩囂，呈現的是另一番景象。這區是我們偷閒散步、晨晚跑步運動的地方。新亞座落市塵與靜雅的環境之間。個人以為，學校與現實社會，尤其是大學，最佳的處境是隔與不隔之間，校舍位置亦然。新亞校園雖位於鬧市之中，而有其閒靜幽雅的一面，自成天地，是讀書的好地方。

搬遷入沙田校園後，現在原址成為新亞中學校舍，在香港的環境，尚算可以。當時作為學院，未免有點淺狹。幸好當時學生人數不多，沒甚擠擁感覺，反而有一派人氣親切的氣氛。農圃道雖是正門，我們多從天光道的側門出入。進了校門，南北東三面為建築物環繞，與外間隔離，中間空曠，視野開闊。東面是透通的籬笆和矮圍場，與校外街道樓房視野相連，校內、校外的樓房皆不高，可遠眺天際，不覺侷促。入校門後最當眼的是籃球場，再望過去，樹木婆娑和一片綠草地中，屹立着一座園亭式的大講堂，份外矚目。四周建築物之間有迴廊式的通道，迴廊曲折轉彎處都種植了花樹和小草，校園不大，卻富園林景致。這種建築佈局，深諳中國建築藝術借境之妙美。

校園內南北相向的兩邊建築物，分別是文、理科的課室，最頂的二層分別是男女宿舍，遙遙相望。西面主體建築依次是禮堂、食堂、教務處、圖書館。食堂總不會冷落，除了用膳外，是各種團體開小會與三三兩兩的同學擺龍門陣的場所。圓亭前的草地，總聚着兩三組同學，或躺或坐、無所拘束地聊着。這兩個地方算是新亞校園內的「海德公園」，是培育友情、激發智慧、開啟視野的溫床。我喜歡閒聊、討論，這兩處都是我課堂間、晚飯後以及星空夜喜歡去的地方。尤其飯後到圖書館前，我總會在圓亭和草地耽上大半個小時。記憶最深的，是常與住在學校不遠，飯後總是穿着唐裝或長衫、翩然而至的牟宗三先生的聊天。我是副修哲學的，修過牟先生的三年課，很佩服他講課時瀟灑的風采與條分理析的講解，而與他在園亭草地的閒聊，更富哲趣，隻言片語的答問，讓人回味不已，至今仍銘記着。

圖書館是我去得最多的地方。曾任中文大學出版社社長的陸國燊兄，對我說及，有人寫文章說，我們幾人總是最後離開圖書館的，這是事實。圖書館關門後，我們間中會到馬頭圍道小橫巷內的「大排檔」宵夜，吃一碗「燒鵝瀨粉」。在圖書館坐着查閱圖書和寫報告累了，作為調息，我習慣在書架間瀏覽，一列列書架地漫遊，一本一本書的隨意翻揭，每次都讓我接觸到平時不會理會到的圖書。這樣讓我認識很多書名，並略知其內容概梗，日積月累，增長了很多知識，這對我日後做研究很有助益。前人做學問的一種入門途徑，是先熟悉目錄學，從中多識書名和作者名，然後考鏡學術源流。這種方法很有用，但很枯燥。古代個人藏書有限，只能如此做學問。現代圖書館藏書豐富，而且是開架的，一本本的讓人翻閱，如此不費特別時間，適意而自在間，能增長不少圖書知識。這是我利用圖書館做學問的一個小秘訣。

在不大的校園，新亞圖書館在整體建築的佈局和設計中，很突出，空間寬敞高大，可以比美大禮堂。在我在學的時候，新亞圖書館就以藏書之精之珍聞名。曾長期主持新亞圖書館的是沈燕謀先生。沈先生與清末民初著名革命和尚蘇曼殊稔熟，一同編過《漢英辭典》和《英漢辭典》。余生也晚，我入新亞時沈先生已退休，未能識荊，很遺憾。其後我研究陳獨秀、蘇曼殊，沈先生是其友朋，可請教的真多。沈先生雖然非專業文史，卻懂版本學。創校人錢賓四先生更不用說，一代國學宗師，自然懂得選書購書。業師牟師潤孫先生專擅版本目錄之學。五六十年代，不少罕有版本和舊籍流通在香港圖書市場，牟師曾為新亞圖書館購進不少有價值的圖書，為新亞圖書館增添光彩。由於我常到圖書館，與圖書館主管之一的何家驊先生很熟稔。他很勤奮，雙臂總是套着藍布的工作袖，忙碌的整理圖書。他熟悉圖書，讀書很多，知識淵博，他常與我談圖書，增長了我不少圖書的知識。新亞圖書館內另有側門可上閣樓，這是新亞圖書館的特藏部，大學部的學生是不能進入的。或許岳騫先生見我勤於上圖書館，特許我可進入特藏部。這裏收藏的多是線裝書與稀有版本。雖然只是間中上此閣藏部瀏覽，也讓我增長不少圖書知識。記得岳騫先生曾主動借出珍藏的線裝本《金瓶梅》給我看。在書庫內，我竟發現清末著名湖南保守學者王先謙原來曾主編過一套《香艷叢書》，令我瞠目結舌。當時才唸大學二三年級，才會有此大驚小怪。

新亞校園真的小，只有一個籃球場和禮堂前的二張乒乓波枱，算是新亞主要的運動場所。我也喜歡運動，有空就打打籃球與乒乓球，不分哪一系的同學，這兩處都是我們交手的地方，這也讓我們認識不少別系的同學。

我四年都住宿舍，甚至暑假也留在學校。當時社會的生活不像如今多姿多采。同學大都清貧。除假期結伴遠足或露營外，週末會到旺角與尖沙嘴最繁華的鬧市逛逛，或看上一場電影。往來都是走路的多，既可邊走路邊聊天，也省點錢。能在外邊用上一頓西餐，已很受用了。平時逗留在學校的時間很長。

課室是我們學習的地方。慶典、週會和大演講，都在大禮堂。這是我們受教的地方。老師講課的聲容，仍在腦海中活現，好像只是昨天時事，其實已屬四十多年前舊事了。我慶幸能在農圃道新亞生活學習了四年，在二十世紀，竟能體驗到賓四先生傳統書院的辦學理想——滿溢人文精神。在農圃新亞生活時的人和事，以至一草一木，依舊深鑄腦海，也長存懷念。農圃道新亞校園，應該成為香港的文化遺產，值得保育。

原載屈啟秋主編：《農圃道的足跡》，香港：商務印書館，2007。

我所體驗的新亞精神

年逾七十，退休亦已多年。回首平生，最為慶幸的，在不同的成長和學習階段，得到母校和良師的培育。然而，對我的為學與做人，對我日後的成才，影響最大的，無疑是新亞書院。我一生以「新亞人」為榮，對於新亞，亦滿懷感恩。上世紀六七十年代之交，香港的社會，大體是匱乏的，物質不豐。四年的新亞學校生活，卻是一生最愉快、最懷念的日子！

我自少喜歡學習，酷愛閱讀。喜歡學習，是為了成績；酷愛閱讀，在滿足自己的知識慾。入讀了新亞，學習和閱讀的觀念變了，境界提高了。記得入學不久，系主任孫國棟先生在一個晚上，邀請我們一年班新生到他家中做客、聊天。大學新生，一派稚嫩，師生之間，同學之間，尚有些陌生。那晚聊下來，氣氛是挺熱烈的。具體聊了些什麼，都淡忘了。只有孫先生一再強調的一段話，印象深刻，記得清楚。他說：「大學生與中學生最根本的分別，在乎學習觀念是否有所改變。進了大學，成了大學生，這是最要緊反思的事。」當時聽了，不一定完全明白，卻如醍醐灌頂，似有所悟。

經過一段大學學習生活的體驗，終於認識到，學習不全在求分數、求知識、求謀生技能，而應有其更高的境界。歸結成一句話，在於「為學做人」。

何以「為學做人」？「為學做人」為何？四年間，老師們都有不同程度的提點，難於一一稱引。其實新亞校歌就有明晰的曉示。限於當時的水平和人生閱歷，未能真有全面而深刻的理解。不過，經每次週會上的頌唱，薰浸吟味，漸有解悟，而鑄於心頭。

新亞校歌的歌詞，出自一代學問大師賓四先生之手。氣宇恢宏，境界高遠，行文典雅見樸實，語調跌宕富感情；巨筆如椽，標示出新亞雋永而久遠的教育精神！我們離開學校歲月愈久，對校歌的迷戀就愈深，也愈發體會到「新亞精神」。新亞校歌在畢業後的人生旅途上，一直伴着我們，不只是偶然的懷舊回憶，而是不斷地激勵着我們，亙保初衷，不墜志氣，胸懷寬廣，自強不息，一生受用。孫國棟先生啟牖了我們學習觀念的改變，校歌揭示了我們為學做人的天地。

新亞校歌之揭示我們「為學做人」的，概括起來是：一種意識、一種心靈、一種精神。

「廣大出胸襟，悠久見生成」，「十萬里上下四方，俯仰錦繡，五千載今來古往，一片光明」，是一種強烈的歷史意識。「人之尊，心之靈」，「十萬萬神明子孫，東海西海南海北海有聖人」，是一種悲天憫人的人文精神。「手空空，無一物，路遙遙無止境，……艱險我奮進，困乏我多情，千斤擔子兩肩挑」，是一種勇於承擔、自強不息的堅韌不拔的心靈。新亞校歌曉示給我們的，不僅如何「為學做人」。更讓我們志氣高了，心胸廣了，氣魄大了，眼界寬了，思想深了，情懷濃了。這才是真的教育精神！

國家民族、社團或企業，所強調的精神，以至我們「新亞人」常掛在口頭的「新亞精神」，之能在歷史和時代上綻放出光芒，傳之久遠，生生不息，不是徒託空言，而是經創建先賢和一代代的後來者，表徵於一言一行的踐履積累而成的。所以要，珍重！珍重！

原載張學明、何碧琪主編：《誠明奮進——新亞精神通識資料選輯》，香港：商務印書館，2019。

眾學之樂與得
——我觀新亞學風

中學時代，是以考試為主導，讀書興趣，少志同道合的，頗有「獨學而無友」的寂寞。一進了新亞書院，就很不一樣。學習愈來愈有興味，做學問的志望愈來愈濃，思想激情拼發，這得益於「學而有友」的風氣。我反思過，如果算是成才，新亞書院之讓我躐等而進。老師而外，也得益於同學間的「友讀、友學、友辯」的學風。

記得大學一年級，我們班中好幾位同學、包括我在內，都選修了「西洋現代史」。這原本是三、四年級的選修課目，我們不曉得為什麼會去選修，也不清楚為什麼系主任會容許我們選修。開學後，才知道王德昭老師的授課形式，內容充實豐富，而且講求思考分析。所以我們三、五位同班選修同學，結成讀書會，各自廣泛閱讀有關課目的參考書和專著，每週，或在餐廳，或在圓亭草地，分別報告所讀心得和見解。之後，加以討論和辯論。這樣的讀書會，不僅督促自己盡本份閱讀老師所列參考書，而且敢啃較高深的專著。否則在討論和辯論中，無法高談闊論，也無法一展「吾豈好辯哉」的風采。一年這樣的「友讀、友學、友辯」，我們一年班選修的，不僅取得滿意的成績，自此也養成敢啃大部頭的學術專著，懂得思辯，得益很大。

我與同宿舍共房的英文系同屆甄沛之同學親近，學系雖然不同，所學不一，但我們之間好談論一些自己的學習和閱讀心得。我之對文學與對西方重要文學作品的認識，得益於沛之兄很多。

記得一次上映西班牙文學名著改編而成的電影《唐吉訶德》。我看了電影，甄兄精讀原著，晚上我倆就討論起《唐吉訶德》來。意見卻相侔，辯至深夜，誰說不服了誰。翌日，一同去看電影，晚上繼續討論，結果仍然各持己見。為此，我們再多看一次電影，我擠時間閱讀了原著。最後誰說服誰，意見分歧在哪裏，不重要了。這種「友讀、友學、友辯」的過程，對深度理解如許重要的世界名著，相信遠非「獨學而無友」增益的多，不說自明。

年華逝水，情懷依舊
——畢業三十年聚會散記

母校每年為畢業三十年校友安排茶聚，我們一直期望着這次聚首的機會。

2003 年 11 月 29 日，七十八名一九七三屆畢業同學終於歡聚雲起軒。聽說是自舉辦這項活動以來，出席人數最多的一次。過去每屆畢業生人數遠比現在的少，有近半的畢業同學已不在香港。有如此高的出席率，這是梁英偉等同學努力的成果。可惜仍有可到而尚未到來的同學，有點遺憾。

我們這一屆畢業的，還有二項特別之處。一、2003 年同時是中文大學成立四十周年；其次、我們是最後一屆整四年在農圃道度過的畢業生。不少這次與會的畢業校友，是頭一次來到馬料水新亞的。雖然是第一次，只要是新亞，我們就不會感覺陌生。隨着同學的陸續到來，一種新亞人特有的氣氛，一種新亞的精神，逐漸洋溢起來，一下子讓我們好像回到了農圃道新亞餐廳的感覺。與會者初抵埗，久別相逢的驚喜，相認似曾相識的愕然，不約而會的愉悦，甚而竟至相識於三十年後的尷尬，等等，不一而足。雲起軒一下子熱鬧起來。活動由唱校歌拉開序幕。黃乃正院長演講中的「我也是中大七三屆畢業的」一句話，原本陌生的院長也顯得熟絡了。鄭海泉校友代表到會者，發表一番關於相識於微時，感情是最雋永致辭，相信在座的，都會「於我心感感然」。三十年河東，三十年河西，歲月流光。畢業後，儘管人生旅途順逆顯逸各有不同，相聚一堂，卻無改微時的質樸率真，平情相視；白雲蒼狗，容顏易老，難復當年風華正茂的面貌，握手言歡，眼中仍是三十年前的樣子。雲起軒內的七十八人卻完全回復到當年學生時代的日子，隱沒了歲月留下的印記。一任自然，無所拘束，言談笑罵，起哄諷喻，甚至男女同學中間的感情餘韻，脈脈依舊，三十年的寬隔，好像沒有留下任何世故的痕跡。

當天的主持司儀，是歷史系的陳懿行同學、中文系的盧國明同學。該次聚會氣氛的熱烈，兩人應記一大功。節目的戲肉是「一分鐘放縱：盡爆心中情」。筆者當年少不更事，大讀尼采作品，什麼也沒學好，一陣子卻學了人家老尼睥睨天下的狂妄。一次在言辭上得罪了陳懿行同學而不自知。畢業後每次相見，總給她數説一番，內心未嘗不有點歉疚。這節目開始，承懿行命，要扯扯頭纜。原本欲借此盡訴心中情的機會，自我譴責一番，並向懿行同學公開道歉，「一笑泯恩仇」。正思量得意間，突然，懿行同學首先激情盡訴，再用這段故實數落我們，好像早知我會有此思量似的。接着到我訴心中情，全盤計劃打破，真是手足無措，言鈍語拙，胡亂説了些話，順勢鞠躬再三，道歉了事，這次懿行同學真是一箭雙鵰，報足了仇，從此可以一筆勾銷了吧。再想深一層，有事讓人有恨無仇的記足了三十年，不容易，倒也划算。接下來盡訴心中情的，有籃球王子賴鉅堯、倜儻的譚卓傑、運動健將陳達華等等，不能盡錄。他們一個接一個的，不愁閒着，只怪時間不夠，未能盡將「農圃心史」傾盆托出。其中最精彩、最貼題的，莫過歷史系同班同學劉福注兄。他真是福至心靈，將一腔三十年前仰慕陳懿行同學的內心秘密，首次公開。一向以木訥方正面貌出現的他，激情如斯，一時雲起軒內為之沸騰。素以言辭犀利，巾幗不讓鬚眉的懿行同學，也臉紅耳赤了。與福注兄同班同房，此景此情，竟懵然不知，要不是我輩蠢鈍，就是福注兄的內功厲害，怪不得日後成為太極高手。

茶聚後，略作校園參觀。其中植樹最受歡迎。我們畢業時種的樹，蔚然成蔭，生機勃勃，已有好幾丈高了。如今所種，假以時日，自當婆娑。植樹的意義不僅是綠化母校。百年樹人，一代一代的文化傳承，意旨宏遠。

最後是晚宴。

畢業後三十年，相信參加宴會無數。能如當晚這樣無所顧忌，率真笑談的不會很多。最動人仍是唱校歌。聚會之始，已唱過校歌。不管是荒腔走板，七十多人全情投入地唱。晚宴開始，先由中文系吳茂賢同學領唱。唱完竟意猶未盡，藉口調起得過高，要再唱一次。一唱再唱，其實是動情了。要唱出我們對母校培育感謝之情，要唱出對四年大學生活的深深懷念。相信所有新亞同學，即使在校時對唱校歌如何敷衍了事，畢業後，隨着人生閱歷愈廣深，生活體驗愈濃，離校日子愈遠，懷念師友情緣愈烈，對一代國學宗師錢賓四先生的「廣大出胸襟，悠久見生成」、「十萬里上下四方，俯仰錦繡，五千載今來古往，一片光明」、「艱險我奮進，困乏我多情」的大手筆，會多所吟味，時時情不自禁，或歌於口，或唱於心，或宣於言。雖然離開母校，新亞校歌承載着的新亞精神，一直激勵着我們。

雖是老話，卻是事實。天下沒有不散的筵席。

聚會尾聲，還有兩項動人的安排。一是全體出席同學一致決意，不要再多等三十年了，五年後再會。其次，朗誦了由陳懿行、張金娣和廖敬珍三位合作的聚會紀念詩，並給每位出席者發一紙留念。其詞曰：

卅年不相見，雲起軒再逢。

問姓似相識，稱名憶舊容。
別來滄海事，都付笑談中。
今夕筵散後，新亞情更濃。

最後，代表是次聚會的同學，對母校的安排，對乃正院長的勉勵，對主事人員的熱情，與在校同學的幫助，衷心致謝。你們給我們對母校的懷念，添上了一筆豐富的色彩。

原載《新亞生活》月刊，2004 年 1 月。

說不完的新亞
——周佳榮《錢穆在香港：人文·教育·新史學》序

佳榮兄撰新著，並囑作序。

出版社一送抵校對稿，看了書名，立刻擱下案頭工作，一口氣認真地閱讀，越三日而畢。全稿通讀了一遍，心頭湧現王勃《滕王閣餞別序》中的幾句話：「所賴君子安貧，達人知命。老當益壯，寧移白首之心；窮且益堅，不墜青雲之志。」這幾句話，直濃縮了我對佳榮兄撰寫此書的情懷和意向的理解。

與佳榮兄論交已近五十年。自入新亞書院，然後中文大學研究院，然後負笈日本同校同系，三度同窗；之後，因學術文化與文字的往來，四十多年不輟，可說是世緣非淺。五十年的相交，也成知己。佳榮兄真是讀書種子，日以書本為伍，是一個整天與書籍打交道的人。大學開始，他已致志於史學的研究，雖有文學情懷也富文采，卻以為餘事。他勤於著述，幾十年如一日。二十年前，曾刻了「依然白髮一書生」和「書生意氣」兩方閒章，以自勵自況，看來，現用之以喻佳榮兄，更恰當不過。

佳榮兄退休後，教書、演講和撰述如故，依舊沒啥閒逸，大有「不知老之將至」之慨。在我看來，退休後的他，最大的不同，是擺脫了現行學術和大學教育的各種羈絆，踐行自己的意願。如同會花更多的精力和時間，以從事弘揚文化，普及學術的寫作。佳榮兄幾十年來，除研究和撰述學術論著外，也一直努力於學術文化的弘揚和普及工作，自始就不是一個只會埋首故紙堆的學者。退休以後，更能率性隨心而已。近年他用心撰寫了好幾本深入淺出的史學著作，大裨益於後學，就是最好的明證。真正的學者，大都在學術著述之外，不忘以自己堅實的學養，通透的觀點，撰寫深入淺出、以廣益後學和社會大眾的著作。此書的傳主錢賓四先生，就是一個很典型的例子。這原該是學人的一種文化責任，一種教育責任。深受新亞人文精神薰陶，浸淫於「通經致用」的新亞史學學統的佳榮兄，更明白這種道理。謂他「老當益壯，寧移白首之心；窮且益堅，不墜青雲之志」，豈為過哉？！

關於三國時代的諸葛孔明，有這樣的一個記載。「桓溫征蜀，猶見武侯（諸葛亮）時小史，年百餘歲。溫問：『諸葛丞相今誰可比？』答曰：『諸葛在時，亦不覺異，自公沒後，不見其比。』」這是一個小人物，經三國魏晉紛亂之極的世變，對被譽為「三代之後第一人」、自己面識而已的諸葛孔明，有這樣的印象，說出了這樣的感受。話似尋常，卻很真實，細想一下，會覺意味深長。英雄不世出，聖賢何獨不然！作為新亞精神最昂揚、歷史學系師資最鼎盛的農圃道時代的新亞書院的過來人，閱畢佳榮兄這本著作，對錢賓四先生之在香港，真有像蜀國小史所說的感受。佳榮兄這本著作，從史學、歷史教育和文化影響三方面入手，奠基於有關賓四先生和新亞書院的豐富文獻和著作，糅合了自己在學時的切身聞見和體驗，再經幾十年在學術和文化教育界的體會，而寫成的。「文章為時而作」，此時此地，撰著以抉發錢先生的潛德幽光，其價值豈只是闡釋錢先生在香港的往跡而已矣！

在此著作中，無論旨題和內容，佳榮兄闡述和分析得已很周至透澈，結構也很完整，鄙人實少所置喙和補充的餘地。佳榮兄的文字，素以清通流暢見稱，也無必另作解人。既承佳榮兄的不棄，囑為序，謹借此略及與佳榮兄的世誼和對他的認識，作為同為新亞舊侶的一份文字紀念。

原載周佳榮：《錢穆在香港：人文・教育・新史學》，
香港：三聯書店，2020。

歷史是訓練人才綜合思維和人文學養的一門學科
——張建雄《讀史觀世》序

張建雄先生是本人在中文大學新亞書院就讀時期的學長。在校期間，雖面識其人，並不熟悉，更說不上往來了。級別不同，學科有異，是很自然的。六七十年代在農圃道的新亞書院，學生人數才不過幾百人，校舍仿如現今香港一間像樣的中學而已。所以，全校老師同學大都認識，最少有印象，這也是事實。何況張師兄是學校的運動健將，鋒頭甚勁。是近二十年，他活躍於著作界，我從事出版，才來往日密。

建雄師兄是銀行家，且因工作而長期寓居世界各地；退休後，更如自由飛翔的候鳥，時而上海，時而巴黎，時而世界各地旅途中。一年幾回，或鳥倦知還，或講學探親，返抵香港。近十年，每次返港他總約聚。雖見面機會不多，每相聚，有談不完的話題：談時勢，談旅行，談管理，談著作，談文化。同是農圃新亞舊侶外，我們職業雖然不同，卻都是

「跨界別人」，以上「五談」也都是我們的同好和嗜談的。

這回建雄兄要出版結集《讀史觀世》，囑我寫序，並明示因我是讀歷史的。該書內容雖談論的仍是他本行世界政經，但不少篇章談的卻是歷史，尤其專章申述新亞創辦人、史學大師錢穆先生的史學思想和評論時勢的慧識遠見。通讀全書樣稿，其實不囿於專章闡述賓四先生和南懷瑾的史學和思想，且在談世界政經文章中，貫穿其間，是豐富的歷史知識和飽含歷史意識。建雄兄以前談政經的文章，學術觀點而外，時穿插個人親聞親見親歷的思考，這是他著作的特點，也是他眾多的讀者所以喜讀樂聞的原因。這本著作如斯富有歷史意識和重視歷史觀點，對我來說，自然要先睹為快，也貿貿然答允寫序了。

這裏，無意從歷史的內容與角度，去介紹和討論該書，序者實無此方面的學養。只從「歷史」作為切入點，談些想法，以就教於著者和讀者。

農圃時代的新亞書院的學制，大學一年班學生，不管學系，都要修讀「中國國文」和「中國通史」。相信當時的學生，對此兩門課，大都有可有可無，被迫修讀的感覺。新亞書院的「大學國文」中，並且要通讀專書《孟子》。在芸芸眾多的中國典籍中，為何要特選《孟子》，當時我們自然不甚了了。日後，我才曉得，同時期的台灣大學，所有大學一年班學生，都要修讀「中國歷史」和「大學國文」，「大學國文」中也選讀專書《孟子》，文學院生更要多讀一本《史記》。兩者課程設計，何其類似，自有教育的深意存焉。如果說新亞書院其時的課程設計，是出於守舊「土學者」的「老套」，然而其時主政台大的，不說校長傅斯年是留學德國的，其他重要教授如毛子水等等都是留美的，校內也不乏「五四」以來被目之為「洋派」和「西化派」的學者。一相對照比較，用不着詳細去說明，可思過半其矣。由之就可以認識到，其時新亞和台大的主政者和學者，真懂大學教育的宏旨，人才培育的真諦。大學生是一個國家社會的精英，不管日後從事何種行業，都是國家、社會發展的主導者。作為中國人的大學，學生之修讀中國歷史和中國國文，絕不囿於是一門學科知識，也不等同於別的學科。本國歷史和國文，關乎一個民族文化和精神價值的傳承，這是社會精英不能不認識的。歷史也是關乎人類社會透穿時空的一門知識和學問，是訓練人才綜合思維和人文學養的一門學科，只要生息在人類社會中，尤其要擔當管理者，更是不可或缺。當前中、大學教育的主政者，純從教育專業與技術去看待歷史科和語文科，其不背離人才教育之原理，難矣！

我不諱言，張建雄師兄於今的「立功」與「立言」，除了是個人的才賦、努力等因素外，實得益於農圃新亞的着眼於全才培育、重視人文學養的教育宗旨和課程設計。所以他的著書立說，具有視野開闊，富歷史感，洋溢人文學養，懷抱文化精神的特點，固能軼出一專業一專家的局限。

敝序無增益於建雄師兄大作的闡述，只申述一些個人的感慨，這要向作者和讀者告罪的！

原載張建雄：《讀史觀世》，香港：商務印書館，2014。

附錄

農圃齋主憶農圃道：格局小，氣象大——訪香港商務總編輯、歷史學家陳萬雄博士

江蘆

商務印書館辦公大樓的接待室裏，四壁陳列着三十年代上海商務出版的四部叢刊本舊籍。就在這裏，我們對總編輯、歷史學家陳萬雄博士做了一次採訪。首先，我們拿出一冊他的著作，北京三聯書店不久前重印的《五四新文化的源流》，請他題簽。此書依據翔實的資料，澄清了本世紀以來或因材料流缺而不彰、或因人事紛擾而欲蓋的五四運動的歷史真相，理順了五四與辛亥一脈相承的關係，有正本清源之功。我們先請陳博士就他這本書所作的工作談談看法。他說：

五四新文化的源流

「五四運動與辛亥革命的聯繫比我們以前想像的要密切得多。過去將五四視為『新民主主義革命』的開端，卻撇開

辛亥革命，我認為割裂歷史太甚。這本書背後我有一個更大的思考，就是我想把 1900 至 1930 年這三十年視為一個完整的特殊時期，即一個由啟蒙知識份子主導了政治運動和社會變革的時期，此前此後的歷史發展都跟它不一樣。這一時期的知識份子，是舊學與新知最平衡、中西文化結合最好的一群人。我們必須跳出洋務運動、戊戌變法、辛亥革命，這些相分割的運動，以更遠大的目光去考察中國近代史，特別是思想史，這樣才會看得更全面些，更有意思些。」

「今年是五四八十周年，我想寫一寫新儒家與五四運動。好多人都以為新儒家是維護傳統思想的，因此顯然就是反新文化的，其實大謬不然。用對立的眼光看問題是近現代中國史研究中的通病。比如說，從前將魯迅、茅盾等說成『為人生的藝術』，而胡適、徐志摩、沈從文等則是『為藝術的藝術』，事實上，別的不說，沈從文對中國命運的關注不下於任何人，只不過表現方法不一樣罷了。受黨派偏見影響的歷史觀，今天的學者應該懂得澄清了。新儒家中，梁漱溟、馬一浮、熊十力都是革命黨人，它的起源可不是清末遺老。用原來的思路說明不了歷史的本質。」

新亞精神與五四精神

我們問陳博士，新亞創校的精神，似乎同五四精神格格不入，即使不說對立的話。請問對此該怎樣看？他說：

「在回答這個問題之前我想說，我是受恩於新亞的。首先，新亞給了我持久的理想主義。如果不進新亞，我是否能至今仍保持了一種理想主義的追求，是值得懷疑的。其次，新亞給了我非常濃厚的學術薰陶。我讀新亞的時候，是由這種學術研究氣氛主導着，雖然有的同學不一定選擇研究學術為終生職志，但都會承認，學術研究是最重要的。另外，新亞還給了我長遠的文化價值取向，這影響我直到今天，不管做事做人，還是對社會判斷，首先總是用文化的尺度。這三點，都是我拜新亞之賜。」

「新亞當然是以維護傳統文化為己任。但是，我現在有時發現，自己的治學路徑似乎更像北方學風，跟南方不大一樣。我想說，新亞的學風從很大程度上講，正是北方的，尤其是北大傳統的延伸。錢穆先生是北大舊人，王德昭、全漢昇、牟宗三等先生都從北大畢業，牟潤孫先生也是從京華出來的。我恍然大悟：新亞其實就是將北大濃烈的學術風氣、深厚的文化底子帶到南方來的。現在大家似乎以為，北大思想新而新亞舊，其實，北大真正是兼容並包的，奉行自由主義。新亞秉承了這個作風。舉例來說，按理說錢穆先生是一個維護傳統文化的宗師，他辦學校當然為貫徹他的學術理想，但你看新亞歷史系的組合，真正是錢先生學生的只有嚴耕望先生。這就可見錢先生兼容並包的氣度。回頭看梁漱溟、馬一浮、熊十力，沒有一個是反對中國要擷取西方文化走向進步的，沒有一個是反對新文化的。他們只不過認為在吸取西方文化時，不要失去了對本民族固有文化的認同，新文化走得太偏是很危險的。這不是誰對誰不對的問題。陳獨秀要解決當前問題，就只能這樣做，錢先生認為不可片面追求短期效益，要從長遠看，所以他們並不是完全對立的。錢先生寫《國史大綱》，他為什麼要從那麼維護中國歷史的優越性的角度去寫？那是因為在民族空前的危機中，大家對中國文化沒有信心，他要堅定國人的信心。對他的著作以及辦新亞的舉措，應該放到這個背景之下去看。」

「再補充說一說這個問題。二十世紀中國救亡圖存的任務太重，給文化造成了負面的影響。像李澤厚所說的，救亡壓倒啟蒙，後遺症直留到今天。本來的舉措只在救一時之急，不斷如此卻成為性格。就好像一個病人生了病，先給西醫看一下，打針吃藥先醫好，然後再用中醫去慢慢調理。急診靠西醫，調養需中醫，中國人本來很懂得這一套。本世紀中國的問題在於，忘記了手術之後的調理。新文化主將和新儒家大師，持論就這樣區別的吧。」

新亞精神的體會

我們問陳博士，五四今年八十周年，新亞今年也有五十周年了。正值母校新亞五十周年校慶，能否談談當年在新亞的精神體會？陳博士說：

「我對母校新亞的一貫看法是，學校小，氣象大。現在看香港的大學，則可能相反，學校大，氣象小。從前我們進新亞的人，從來沒有認為進的是一個小學校。我們立足而放眼的，不是香港一地，而是從古到今的大中國。老師氣象大。校園裏一點也不道學。年前我寫文章悼念嚴耕望先生，其實那時候我並沒有修他的課，但他認我是他學生，我認他是我老師，修不修他的課一點沒有關係。這種感情在當年新亞師生身上都存在。新亞風氣很自由，尊重不同的老師，尊重不同的觀點。非常有氣度，非常寬闊，老師都那麼親切，上課不點名，從來不說你要看這種書不要看那種書。如果我進新亞之前是三流的中學生，進新亞後成為二流大學生，應該說是新亞提升了我。」

陳博士說出這番話，非常激動，難怪陳博士將自己的書齋題為「農圃齋」。他動情地回憶從前新亞的生活：

「我是農圃道最後一批畢業的。那時新亞在城裏，人不多，學生老師差不多都認識。我一到學校，就好像到了另一個獨立的天地。同學們大都很窮，但是都肯拚命唸書。那時候學生最多的地方有四個，圖書館、籃球場、餐廳和草地，就在那裏談學問，空氣很濃。我是副修哲學的，經常跟牟先生談天，都在草地。吃過飯，牟先生穿了長衫，就在草地上散步，我就上去跟他談，什麼都談。回想起來，真像就在昨天。」

「總之，新亞對我有特殊的意義。新亞對香港也有特殊的價值。作為一個新興的商業城市，香港的文化底子本來不厚，殖民地又不可能去發展中國文化。從前雖有羅香林等學者在港大教授中國學問，但人少，影響有限。幸運的是有了新亞的創立，將一個很有代表性的學派、一個很有力量的文化引到香港。不是一個人兩個人，是一大群人，把舉凡哲學、文學、歷史等等包羅全面的中國傳統文化奠基在香港。從前港大研究中國文化，那是跟牛津一樣用的是漢學家的方法，談不上對國學的深入了解和全面掌握。而錢穆先生在香港，跟他在北京、在昆明沒有兩樣。這就是一個深厚傳統的自然延伸，可是這一切對香港來說，對於改變它純粹的商業城市的性格所起的作用，是不可估量的。」

多麼深刻的理解，多麼自然的驕傲！聽罷這位當年的新亞學子娓娓道出的一番肺腑之言，我們似乎對新亞更增添了一份理解和愛。謝謝陳博士，祝願農圃道精神永遠輝耀着「農圃齋」。

原載《新亞生活》，第二六卷第七期，1999 年 3 月。

新亞校歌

山巖巖，海深深，地博厚，天高明，人之尊，心之靈，

廣大出胸襟，悠久見生成。

珍重珍重，這是我新亞精神。

十萬里上下四方，俯仰錦繡，

五千載今來古往，一片光明。

五萬萬神明子孫。

東海西海南海北海有聖人。

珍重珍重，這是我新亞精神。

手空空，無一物，路遙遙，無止境。

亂離中，流浪裏，餓我體膚勞我精。

艱險我奮進，困乏我多情。

千斤擔子兩肩挑，趁青春，結隊向前行。

珍重珍重，這是我新亞精神。

原載錢穆：《新亞遺鐸》(錢賓四先生全集 50)，
台北：聯經出版事業有限公司，1994。

後記

這冊結集，乃多年來應不同場合情景，關於母校香港新亞書院的一些雜記。香港新亞書院創辦至今已逾七十年，有關它的著作與憶述文章，夥矣。即使同樣畢業於新亞書院，因年代不同、學系不同、受教老師不同、志趣不同，相信對於新亞的回憶、感受以至評論也會有所分別，這是很自然、很合理的。大學本身就是一個小社會。拙文所記，純是個人的經歷、體驗和感受。文中所述的經歷、體驗和感受，如能契合並能表彰新亞創校的核心教育理念、精神和學風者，於所願也！

四年農圃學校生活的體驗與新亞精神的體會，幾盡於此矣。至於尚有可紀可述的師友，可陳可說的故實，只好留待日後機緣了。

四書人語

新亞問學記

陳萬雄 著

責任編輯 黎耀強

裝幀設計 簡雋盈

排　　版 陳美連

印　　務 林佳年

出版

中華書局（香港）有限公司

香港北角英皇道 499 號北角工業大廈 1 樓 B

電話：（852）2137 2338

傳真：（852）2713 8202

電子郵件：info@chunghwabook.com.hk

網址：http://www.chunghwabook.com.hk

發行

香港聯合書刊物流有限公司

香港新界荃灣德士古道 220 - 248 號

荃灣工業中心 16 樓

電話：（852）2150 2100

傳真：（852）2407 3062

電子郵件： info@suplogistics.com.hk

印刷

美雅印刷製本有限公司

香港觀塘榮業街 6 號海濱工業大廈 4 樓 A 室

版次

2023 年 7 月初版

規格

大 32 開（195mm x 140mm）

ISBN

978-988-8860-30-2